上海市重点图书
上海大学创意写作丛书(第二辑)
许道军　主编

创意写作基本理论问题

刘卫东　著

上海大学出版社
·上海·

图书在版编目(CIP)数据

创意写作基本理论问题 / 刘卫东著. —上海：上海大学出版社,2019.11(2023.1 重印)
(上海大学创意写作丛书 / 许道军主编.第二辑)
ISBN 978-7-5671-3708-0

Ⅰ.①创… Ⅱ.①刘… Ⅲ.①汉语—写作—研究 Ⅳ.①H15

中国版本图书馆 CIP 数据核字(2019)第 212931 号

编辑/策划　徐雁华　江振新
封面设计　缪炎栩
技术编辑　金　鑫　钱宇坤

创意写作基本理论问题

刘卫东　著

上海大学出版社出版发行
(上海市上大路 99 号　邮政编码 200444)
(http://www.shupress.cn　发行热线 021-66135112)
出版人　戴骏豪

*

南京展望文化发展有限公司排版
江苏凤凰数码印务有限公司印刷　各地新华书店经销
开本 890mm×1240mm　1/32　印张 6.5　字数 150 千
2019 年 11 月第 1 版　2023 年 1 月第 2 次印刷
ISBN 978-7-5671-3708-0/H・374　定价　40.00 元

总序(一)

葛红兵

创意写作学科在中国经历了10多年的发展,从对英美创意写作学科的译介和引进,到面向中国的历史和现实寻找理论与实践资源进行内生性建设及发展;从与创意写作产业结合逐步打开产业视野,到进一步与公共文化服务结合融入原创性社区文化建设,创意写作在中国走过了从无到有,从引进到创新,从教育到与产业、事业联结等过程。正如笔者在世界华文创意写作大会(2015年,上海)创生时将大会性质定义为"国际华文创意产业界文创人员、职业作家、写作教育者的行业大会"[1],将大会的目标定义为"促进华文创意写作人才的培养,促进华文创意写作作品的培育,促进华文创意写作事业国际影响力的提升,促进华文创意写作人才、作品与创意产业、公共文化服务的联结……推进华文创意写作学科研究及教育教学发展"[2],创意写作在中国诞生之初,就被视作"以创意思维养成为目标,以写作为呈现手段,面向创意产业,培养创意产业原创从业人

---

[1] 世界华文创意写作协会. 世界华文创意写作大会宣言(2015)[EB/OL]. (2015 - 06 - 23)[2019 - 07 - 06]. http://blog.sina.com.cn/s/blog_473d280c0102vipc.html.
[2] 世界华文创意写作协会. 世界华文创意写作大会宣言(2015)[EB/OL]. (2015 - 06 - 23)[2019 - 07 - 06]. http://blog.sina.com.cn/s/blog_473d280c0102vipc.html.

才及创意事业服务人才的学科"①。从这个角度讲,创意写作学科在中国诞生之初,就拥有比它在欧美肇始更自觉的实践学科定位和社会角色意识,然而,这并不意味着创意写作学科在发展过程中没有经历过波折,未来不会遇到问题,事实可能恰恰相反。

一、创意写作学科中国化发展及问题

创意写作在中国由少数几个高校孤立的试点实验发展到如今近两百所高校的联盟共创,由当初的孤绝而至如今的热闹,其热闹的外观下,实际隐藏着可能更加让人担忧的东西:创意写作正从当初对于传统中文教育来说的革命性反对者,变成了这个立场的另一方向的合谋者。当初,创意写作反对的是中文学科内部文艺理论话语产生话语的"学术机制"、文学史学拘泥于历史而对现实发声无力的"泥古机制";反对的是这种机制的不及物,它与实践脱节,与学生的能力需求脱节。同时,创意写作在中国诞生之初,它就在反对传统中文学科内的某种话语等级结构,在那种传统的中文话语结构中,历史话语高于现实话语,理论话语高于实践话语,古代文学史课程时长是当代文学史课程的 8 倍,文艺理论课程时长是创作实践类课程的 4 倍,有一段时期某些高校的中文学科甚至全部取消了创作类实践课程。布尔迪厄曾经指出:"教育社会学是知识社会学和权力社会学的一个篇章,而不是一个微不足道的部分……实际上,它引导我们理解旨在再生产社会结构和心智结

---

① 世界华文创意写作协会.世界华文创意写作大会宣言(2015)[EB/OL].(2015-06-23)[2019-07-06]. http://blog.sina.com.cn/s/blog_473d280c0102vipc.html.

构的机制。由于这些机制在起源和结构上与上述客观结构相关，从而有助于对这些机制真相的误识，并因而有助于认可其合法性。"①传统中文教育体系曾经将学术区隔转化为学术话语等级和教授之间的社会地位区隔，反过来这种对于教授社会地位的区隔的合法化（写作教师当年在传统中文教学体系中是完全没有地位的，处于这个中文学科话语体系的底层，其地位当然也处于底层，写作学甚至没有核心期刊，不设教授职位），"通过在学术中立性掩盖下所强加的认知分类"②，传统中文教育系统再生产了现存的中文学科的社会关系，不断地自我强化着而不是消除了这种学科资源的不平等现状。

　　创意写作诞生之初，为了打破这种不平等关系，着意建构了另一种关系体系，一种更多地依赖文创产业的外部力量将自己特别定位于"实践领域"的学科。为了强调自己不是传统中文学科体系中的"一员"，它甚至不承认自己是另一种中文学科，不愿意自己被那种学科传统收编而"理论化""系统化"，拒绝创意写作的元理论研究。为了保持自己属于颠覆者的革命性"他者身份"，创意写作重新定位了自己的师生关系，它甚至认为在课堂上，教师是没有地位的，他只是经验稍稍丰富一点的创写活动的组织者，它把自己的课程形式定位于新型的"工作坊"。在工作坊中，要求教师带项目来和学生一起工作，教师可以帮助学生，但不允许高高在上地"指导"学生；在课堂中，不允许教师单纯讲授知识；而要求教师亲身参

---

　　① 布尔迪厄.国家精英：名牌大学与群体精神[M].杨亚平,译.北京：商务印书馆, 2004：8.
　　② 朱国华.文化再生产与社会再生产：图绘布迪厄教育社会学[J].华东师范大学学报(哲学社会科学版),2015(5)：181.

与,把课堂变成师生的共同创作实践。在这种认识的引导之下,创意写作强调作家教学,大量引进作家型教师,把创意写作变成了师徒相授的经验传承。以上这些在世界华文创意写作协会主办的世界华文创意写作大会第一届年会上,形成了某种共识,且以宣言的形式发布,宣言讲道:"随着中国文化创意产业的发展、中国公共文化事业的发展,创意写作已经成为文化创意产业、事业的基础性力量。"[①]尽管第一届世界华文创意写作大会,倡导"在高校建立创意写作学科""改革中国高校中文教育教学培养机制,创建中国化创意写作学科,为培养具有现代意识的专业创作人才和具有原创写作能力的创意产业核心从业人才做出更多的工作";但很明显,大会认为这个"学科"是实践性的,它培养的学生也不同于以往,不是文学史家、文学批评家、语文教育工作者,而是创意产业基础从业人员,"要求创意写作学科加强创意写作与文化产业、事业的联结,推广创意写作的社会化"[②]。由此,我们看到,中国的创意写作学科建设者,实际上是把该学科当作"实践领域"来认识的。

  这种思路,也延续到第二届大会。在第二届大会的会议总结中,我们的总结者这样说道:"未来要在华文作家的作品报告、会员成果发布、创作出版对接等方面加强工作,同时尽可能多地促进华人青年创意写作人才培训工作,让华文创作者有机会接触国际创意写作大师,跟大师一起参加工坊创作,让大会成为原创文稿创作经验交流及名家名作成果发布、创意的产业化转换对接、创意培训

---

① 世界华文创意写作协会. 世界华文创意写作大会宣言(2015)[EB/OL]. (2015 - 06 - 23)[2019 - 07 - 06]. http://blog.sina.com.cn/s/blog_473d280c0102vipc.html.

② 世界华文创意写作协会. 世界华文创意写作大会宣言(2015)[EB/OL]. (2015 - 06 - 23)[2019 - 07 - 06]. http://blog.sina.com.cn/s/blog_473d280c0102vipc.html.

的多层次共生平台。"①在第二届大会上,与会者呼吁社会应更多地关注创意写作事业;政府和企业应更多地重视文化原创力的培育与提升,吸引、组织文创人才考察经济发展及投资环境,为地方发展建言献策,吸引世界级华文创意大师、专业写作人才利用地方传说、风物进行创作,提高文稿创作水平和影响力,促进地方性题材、作品创作项目立项,等等。也是在那届大会上,创意写作学科界请来了作家、企业家等,还邀请了阅文集团加盟,这让创意写作和生产联结。那年,除了高端研讨活动之外,我们还在上海市文化发展基金会的扶持下,组织了华文创意写作周活动,请来了作家、企业家,组织了作品发布会、研讨会,试图"打造中国创意写作界自组织平台,开发世界性华文创意写作文化品牌活动,促进世界华文文化创意产业原创力提升,原创作品的创作和原创人才的培养"②。今天看来,第二届大会提出期待社会认可创意写作,期待创意写作走出校园,走出课堂,与广阔的社会生活结合的设想与呼吁,依然是有其现实价值的。即使是在今天,虽然创意写作学科被教育界认可已经是不争的事实,但是,教育部依然没有承认创意写作的独立学科地位,创意写作教师面临学科地位不被承认,申请课题没有学科口径,发表论文没有核心期刊阵地等问题依然存在。创意写作若要得到社会的广泛认可,创意写作界需要做的工作还有很多。创意写作也的确需要走出校园和课堂,去证明自己的产业前景和在公共文化服务事业上的力量,证明自己在创新中国战略中不可

---

① 世界华文创意写作协会.世界华文创意写作大会宣言(2015)[EB/OL].(2015 - 06 - 23)[2019 - 07 - 06]. http://blog.sina.com.cn/s/blog_473d280c0102vipc.html.

② 世界华文创意写作协会.世界华文创意写作大会宣言(2015)[EB/OL].(2015 - 06 - 23)[2019 - 07 - 06]. http://blog.sina.com.cn/s/blog_473d280c0102vipc.html.

忽略的地位和价值;的确,中国正由生产型大国、服务型大国向创新型大国和创新驱动型大国转型,在这个过程中,中国需要全新的创新战略,不仅仅是要把科技创新看作生产力发展的核心要素,也同时要把文化的创意创新当作生产力发展的核心要素;在这个过程中,创意写作作为其核心底层支撑性学科应该受到更多的重视和认可。

但是,要求创意写作学科直接走向社会,和社会联结,直接成为某个"实践领域",直接培育作品、推动作品出版和改编,直接组织作家和企业对接,组织面向产业和事业的创作及创作服务活动,用这个来证明自己的地位和价值,其实是走岔了路。

现在,回首四年前的呼吁,我们发现那时呼吁创意写作学科要走出校门和时代生活结合,和创意产业结合,提高传统中文学科的实践性,在培养学生基础素养的同时培养学生的从业技能,这些都是适逢其时而又具有前瞻性的。这些年来,中国高校创意写作学科的创生已经成了不可否认的事实,中国创意写作学科已经由部分高校的实验性探索发展成了全面开花的高校中文教育改革行动。但是,创意写作学科对自身的学科定位认识应该说是有一个过程的,其理论探索也是逐步发展起来的,到第三届世界华文创意写作大会时,大会的组织者就提出了"建设中国创意写作教育教学体系,建构中国化创意写作学科高地"的大会主题。大会与中国高等教育出版社合作,把建构中国创意写作教育教学高地当作主题,讨论了创意写作教育教学方法的研究和推广问题。在这届大会中,创意写作学科界惊喜地迎来了很多中学老师、小学老师,迎来了近两百所高校代表,创意写作已经不仅仅是部分高校的实验,而是拥有数百学校共同参与的一项重大行动;创意写作不仅仅是高校的探索行为,同时也是在逐步向中学和小学渗透的全民教育行为;它把创意放在第一位,把写作看作创意实现的基本主张,它把人人可以写作、写作可以教授的主张带向了更加广阔的层次,正把创意教育推向更加广泛的教育领域。值得注意的是,第三届大会对创意写作学科超速扩张提出担忧,大会总结性发言中,总结者提道:"我们的基本理论研究、基本实践实验,我们对创意写作能力评估、潜能激发,创意写作中的分体写作方法,创意写作与产业及文化公共事业的关系的研究,等等,还刚刚起步,尤其是创意写作教育教学方法论的建构,我们还没有脱离向海外学习的阶段,甚至,我们向海外的学习还不够,我们的中国化研究更不够,这个时候,创写学科的超速发展就让人担忧了。"

我们可以看到第三届大会的主题反而定得比较小,专心研究创意写作教材和教法,大会在主题发言阶段、圆桌会议阶段都展开了激烈讨论,还专门开设了创意写作示范课及示范课讨论,专门讨论教学法。笔者甚至认为,第三届大会是一届中国创意写作教育教学法的大会,它标志着中国创意写作学科摆脱了在教育界由寻求创生和对创生的认可的路线,走向学科自觉甚至反省。

二、学科合法性及基础理论难题

创意写作学科自在美国诞生以来,一直是在质疑中发展的,很多内部理论问题,一直没有得到很好的厘清,没有产生完整的系统的学科共识。在中国,创意写作学科也面临着类似困境,因为在中国,创意写作学科是在跟文学非产业派、创意产业非产业派、创意写作学科非学科派的斗争中成长起来的,其特殊的成长史,使得中国的创意写作学科在诞生之初处理这些问题时表现出了偏于一边倒的情况,而产生了其特殊的困难。但是,创意写作学科,其实是不可能回避这些问题的,它必须直面自己的内部理论困境:① 如何理解学科的理论属性和实践属性及其矛盾关系,这事关学科的基本定位;② 学科培养人才的目标的内在矛盾:教导创作共性和创作需要个性之间的矛盾,这事关学科存在的价值;③ 学科奠基于创意思维(创造性思维、批判性思维)还是奠基于写作技能的矛盾,这事关学科存在的基本途径;④ 学科精神的矛盾,面向产业的市场精神和面向创作者个人的精英精神的矛盾,这事关学科存在的价值观选择。

创意写作学科的对象是什么?它的逻辑起点、中介、终点在哪里?它的学科本质论、认识论、方法论如何展开?这些都需要我们研究创意写作学科基本原理、创意写作学科发展史、创意写作学科中国化方法、国外创意写作学科研究、创意写作教育等。

也有学者认为,写作学既已存在,又何必单独设立一门创意写作学?创意写作学不能以原型的独立形态被纳入中文学科体系,历史地看写作学在部分高校的学科目录中的确是存在过的,它可以涵盖创意写作学。然而,创意写作学作为严整而完备的科学体系和学科体系,有其自身的内在逻辑结构,是整体化的、内部各方面有机联系的、揭示创意产业背景下写作及写作活动的本质的体系,这是传统的在非创意产业背景下产生的"写作学"所做不到的,更是无法包容的,两者对写作本质的理解是不一样的。创意写作学把写作的本质理解成是产业、事业及思维;而写作学把写作的本质理解成是个人性的语文和修辞技能,设立创意写作学学科是有创意产业作为客观依据及现实基础的。涉及传统写作学和创意写作学的学科地位之争,笔者甚至认为,结论应该是相反的,应该是创意写作学包含传统写作学,而不是传统写作学包含创意写作学,我们不应该囿于传统和现状,相反应该立足现实,放眼未来。当然,不管如何,设立创意写作学一定会使现有汉语言文学学科建设面临新的困境与挑战。创意写作学既是创意产业(或者更窄一点——文学产业)重要指导思想的来源及规律的揭示者,又是二级学科(狭义的创意写作学),它涉及重要的产业实践领域,其研究和传播必须符合国家产业政策,视野必须拥有创意国家的口径①。广义的创意写作,往往与广告、影视、文学创作、文学的社区化服务等混为一谈,广义的创意写作研究的视野、内容过于宏大,而且重大理论创新和突破,往往由政府政策来决定(例如文学产业中数字出版的许可政策等),学界似乎应该退而求其次,追求创意写作的狭义理解,建构狭义的创意写作学。

"创意写作"一词,通常有几方面的含义:首先是指个人创作实践;其次是指国家层面的产业实践,即为实现个人和团体创意创作成果而进行的产业活动及其成果;再次是指社会层面的公共服务实践;最后是指思想,即指导这些实践、为建立和发展新型创意(写作)产业、创意(写作)事业做论证的思想理论。它是个人的,也是社会的;是产业,也是事业;是个人的精神高标,也是世俗社会的消费娱乐。笔者主张,"创意写作",主要就是指思想理论体系;"科学创意写作学"的产生,是相对于"传统写作学"而言的,它奠基于创意产业尤其是文学创意产业之上,成为科学,就是要求人们去研究

---

① 葛红兵,高翔."创意国家"背景下的中国当代文学转型:文学的"创意化"转型及其当代使命[J].当代文坛,2019(1):105.

它；它的概念的内涵与外延不能泛化，而是要狭义化，要奠基于其本源性的研究范围——个人性写作与社会化创作实践，建构结构化的理论体系。

从2008年开始，十余年来，创意写作学从无到有，近年越来越成为一门显学，有其独立的研究对象、学科定位、基本范畴和理论体系，而且从第三届世界华文创意写作大会开始，中国创意写作学界就提出了"中国化"问题。实际上，中国创意写作学理论体系是国际创意写作学基本原理同中国文学创意写作实际和时代特征相结合的产物，是以人类写作活动的世界性历史经验和规律作为研究范围，总结其历史规律，从而揭示发展趋势，能对创意写作实践构成指导意义的总括理论，也是与中国现实结合而产生的理论。它的各种理论难题和悖论都要在这个基调上加以解决。

（1）我们认为狭义的创意写作学应该是理论形态的，它的理论性毋庸置疑，尽管它是实践性非常强的学科，但是，这并不能掩盖其理论性，甚至，对于当前的社会需要来说，其理论的自觉定位相较于实践探索，还显得更为重要。

（2）创意写作学要研究学科共性规律，要把科学性放在首位。任何创造都是个性化的，但是，产生创造的过程和必然产生创造的机制却是共性化的，不能因为创造需要个性化而掩盖学科研究共性规律的本质。创意写作学不是要把每一个人的创作当作个案来研究，研究其个性化特征，相反是要把个人性的创作当作普遍规律的抽样样板来研究；它不反对个性，相反锻造个性，但是，它强调创造个性的过程和规律是有共性基础的。

（3）它奠基于人类创意思维的共性研究，但是，也绝不把这种研究神秘化，它坚信创意思维的科学规律是可循的，而这种规律的发现对打造创意技巧是有直接指导意义的,对相应的创意实践(creative practice)也有帮助作用。

(4)它应该坚决反对矮化产业,片面强调个人文学创作和写作创意的精神性的看法。产业化并非必然地让文学创意创作变得没有精神,相反有精神的文学创作也并非必然地不能产业化,它也同时强调,要把文学创意创作放进国家创意机制系统和公共文化服务体系中去研究,片面的个人的精神性的高蹈是反学科的,只有有背景限定的共性研究才具有学科意义。

创意写作不是经验之学,创意写作学也不可能作为纯粹的经验之学而存在。创意写作学是科学,创意写作学要加强"人人可以写作,但写作能力需要培养"等基础原理的研究,建构自己逻辑自洽的理论话语体系,加强国别经验研究的同时将之历史化,完成学科史话语建构,强化中国问题意识,建设中国学派,同时要特别重视教育教学研究。如此,才能在历史发展中汲取养料,在不断发展的中国现实中提取实践经验,在不断的理论探索中解决自己的理论悖论,走出理论困境,找到自己的学科合法性和健康发展之路。

三、创意写作学建构:创作之道与应用之道

工作坊制教学在创意写作领域方兴未艾,世界华文创意写作大会第三、第四届大会都有专门的主题讨论和教育教学实验活动专场,两届会议都开设了创意写作工作坊教学讨论单元。很多高校都要求教师把真实项目带进课堂,甚至要求学生直接在网络文学创作平台上完成作业,这种课堂训练,对于学生寻求创意写作技能的运用之道,把学习创作之道和运用之道直接结合,让课堂和产

业直接接轨具有实际意义。它不仅明确在课堂上除了教给学生基础素养，还直接培养职业技能，这对传统汉语言文学教育教学来说，是有革命性意义的。但是，这样的课堂，对于创意写作学科来说，到底是高标还是低标呢？如果把创意写作看作一个实践领域，而不是一个学科，这样的教育教学策略应该是高标；但是，创意写作不是经验之学，创意写作学也不是职业培训学，创作之道和运用之道，并不能完全画上等号，在应用之道之外，创意写作学要做的还有很多。

创意写作是为文化创意创新实践提供基础支撑的领域之一，创意写作学则是一门综合性的人文社会理论学科，创意写作学以创意写作为研究领域，但是，这不等于说，创意写作学就天然地拥有了自己的研究"对象"。如何规定创意写作学的研究对象呢？笔者主张，创意写作学，其学科的研究对象应当是——当前生产力和文化发展条件下人类以语言为媒介的原创力的养成及实现规律，特别是要深入研究中国特色文化创意产业及事业制度下创意写作的活动及发展规律。笔者之所以主张创意写作学科的研究对象是当前生产力和文化发展条件下人类以语言为媒介的原创力的养成及实现规律，是因为当前这既是创意写作学研究的逻辑起点，也是其逻辑终点，只有这样的对象才能成为一个学科的"对象"。

为什么这么说呢？其实，一切人文社会科学的根本目标都是人的解放，说到底都是以人为本，克服人的异化，都是为了达到人的自由而全面发展的理想境界；但是，各个学科自身又有自己独特的对象，这个对象规范了学科的存在，规范了该学科的基本范畴、基本原则、重要原理，并且因之而能建构符合历史与逻辑高度统一的学科体系。对于一个学科来说，其逻辑起点应该是"构成研究对象最直接和最基本的单位",其内涵贯穿于理论发展的全过程,其范畴有助于形成完整的学科理论体系。笔者主张,把"人类以语言为媒介的原创力的养成及实现"作为创意写作学学科的逻辑起点,是因为其中蕴含了以"文明对人的原创力的压抑"为切入点的研究,可以分析人的原创力的本质与特性、人的可能原创力及现实原创力;在"人的解放"和"人的发展"的视阈中研究当代文化,尤其是教育文化、产业文化的矛盾,研究人的原创力解放问题,研究人的可能原创力向现实原创力转化的可能途径与方法,论证"人人能创造""人人能写作"的人的原创力图景;在全面建设中国特色创意写作教育及创意产业实践进程中,最终实现"人的原创力自由而全面发展"的目标。

创意写作学科拥有自己的本质论观念及其体系,由此,在学科方法上,片面地反对演绎法,反对学科原理原则推导法等都是不对的。学科对人的创造性"本质"的认定,对"人人能创造""人人能写作""写作可以教"等原则的认定,对学科通过下定义来分析创意、写作、创意写作等的内涵和外延,丰富和明确自己的基本范畴系统,研究创意写作原创力的各个方面,进而讨论原创力养成和实现的各种途径,指明"人类以语言为媒介的原创力的养成及实现"的可能性,等等,是具有奠基意义的;进行系统的理论演绎,让其本质论开花结果,形成学科理论体系,也是学科建设的应有之意。在学科方法论上,创意写作学不应该变成心理学、教育学及其附庸,也不应该在这里变成传统的以修辞为核心的写作学、行为管理学及其附庸。尽管它不反对借鉴其他学科的理论和方法,创意写作学的学科方法,当然应该包含由下往上的归纳法;但是,由上述分析可见,它绝对不应该仅仅把自己局限于经验归纳,更不应该仅仅局限于人类传统的所谓"写作"经验的归纳,而应该自觉地把自己上升到"人的原创力实现"这个理论的高度。同样的,创意写作学科也应该拥有自己的认识论体系,笔者已经注意到近年部分博士论文在创意写作学认识论上已经有所突破,引入了"灵性"等概念,这就突破了机械反映论的局限,突破了传统的关于"灵感"的模糊而又神秘主义的见解,我们不应该因其具有一定的"心灵主义"倾向而否定它,相反应该肯定它的探索[①]。

遗憾的是,尽管创意写作学在西方已经诞生一个世纪,但是,由于一直存在着对学科性质的认识偏差,世界范围内目前创意写作学的状况是有自己的学科史,却没有自己公认的权威的学科理论体系,也许这正是世界创意写作学发展留给中国学者的任务。

上海大学创意写作研究丛书第一辑由我主编完成,第二辑由许道军先生主持邀约新一代研究者分头完成,相较于第一辑的筚路蓝缕,第二辑显然已经展示了创意写作学中国化建设的大概样貌,是非常重要的成果。丛书展示了近年中国创意写作学界在创意写作理论研究、创意写作史研究、创意写作教育教学研究、创意写作能力激发研究等领域的进展和抱负,尽管这些研究还有粗浅的成分,还有不成熟的成分,但是,我认为作为青年学者的尝试,它们都是值得肯定的,希望丛书的出版,能将创意写作学的中国化建设引向深处。

2019 年 2 月 18 日

---

① 雷勇.创意写作学的创意理论及方法研究[D].上海:上海大学,2017.

总序(二)

许道军

　　创意写作是什么,它是一门怎样的学科,写作是否可以学习,作家可以培养吗?从未有这样的一个学科像创意写作这般,从创立到现在,一百多年来仍争议不断。更令人沮丧的是,它明明在实践中证明有效,在现实中广受欢迎,在世界范围内大行其道,但就是"麻烦缠身",而且,这些"麻烦",是如此低级。如《纽约时报》(2012)描述的那样,这样的大争论,在美国每隔二十年就要重来一次。

　　这是什么原因呢?这是因为,创意写作是一个特殊的学科,重实践轻理论,正如黛安娜·唐纳利(Dianne Donnelly)描述的那样:"创意写作一直是这样的一个领域,它避开了学识问题。"[①]一方面,它一直作为事实上的学科存在,但又在学科理论、学术研究等方面准备不足,相对于其他学科,这方面的工作与成果非常少,长期以来作为学科和学术的异常而存在。创意写作已经有了相当长的历史,但是,"创意写作是什么""创意写作为什么可以教""创意写作为什么可以学"等问题,却一直没有得到根本解决,正如格雷戈

[①] DONNELLY D. Establishing Creative Writing Studies as an Academic Discipline: New Writing Viewpoint7 [M]. Bristol, UK; Tonawanda, NY: Multilingual Matters, 2011: 1.

里·莱特(Gregory Light)所说:"虽然创意写作作为正式的学科在英国和美国高等教育体系中存在已久,但其自身的学科视阈却仍未完全设定。"①另一方面,一百多年来,创意写作经历了走出校园深入社区、走出美国落地他国、走出文学写作走向包容性写作等改变,在发展过程中,衍生出不同的目标和发展模式,而且仍旧处在生长中,正如史蒂夫·梅尔(Steve May)所指出的,创意写作是一个年轻的学科,它在不同的地区、不同的机制内以不同的方式发展自己,并且拥有多样的目标,导致我们对它的认识难以统一。

  创意写作和创意写作研究是两个迥然不同的领域,但创意写作遭遇的尴尬处境却由创意写作研究不足引起,两者原是一条绳上的蚂蚱。创意写作要得到理解和尊重,它就要放下架子,不要因为自己"野蛮生长"就认为可以故步自封,以为不要理论、不要研究也行。同时,要展开创意写作研究,既要从考古学上溯根求源,了解它的产生背景、针对问题、发展轨迹,也要在学科特性上,综合考察它的文学、写作学、创意学、教育学、心理学、社会学等多重属性;既要在全球视野上,考察它历史上的存在状况和当下包括美国在内的实际存在状况,也要以发展的眼光,考察它未来可能的态势;既要研究它的创作规律、创意规律、创作教学规律、学科制度、学科方法,也要研究创作心理、接受心理;既要确定它的研究对象、研究方法,也要形成自己的研究方法;既要紧贴实践,也要建立自己可辨识的学科规范,成为与作文研究、文学研究肩并肩,并且能与其他大学研究有差别但又平等的学科,进而完整回答"创意写作是什

---

① LIGHT G. *From the Personal to the Public: Conceptions of Creative Writing in Higher Education*[M]//Marginson S. *Higher Education*, Amsterdam: Kluwer Academic Publisher, 2002: 259.

么""创意写作为什么可以教""创意写作为什么可以学""作家为什么可以培养""如何系统化培养""创意写作的职责是什么"等一系列问题。但对于中国而言,我们还要研究创意写作该如何落地生根,如何中国化,如何对接已有的传统经验与诗学,向世界创意写作贡献自己的智慧,并形成创意写作的中国学派。

我们一直在尝试推进这个工作。2012年上海大学推出了"上海大学创意写作丛书(第一辑)",包括《创意写作:基础理论与训练》《创意写作:虚构与叙事》《创意写作的兴起:美国战后文学的"系统时代"》,前两部是专著,后一部是译著,主编是葛红兵教授。第一辑虽然存在这样那样的不足,但译著却第一次打开了美国创意写作的历史发展的窗口,揭开了创意写作的神秘面纱,两部专著也对接了世界创意写作的研究,同时加入了上海大学以及中国本土探索经验,因此它推出后,受到很大关注。七年过去了,上海大学的创意写作探索又向前迈进了一步,中国创意写作的发展也远非昔日可比,创意写作研究也正在深入,在这个背景下,我们推出了"上海大学创意写作丛书(第二辑)"。

该丛书一共五本,包括一部译著,三部关于创意写作学科史、学科方法与学科理论方面研究的专著,一部创意写作教学探索的课堂复盘。译著《作为学术科目的创意写作研究》(*Establishing Creative Writing Studies as an Academic Discipline*)作者黛安娜·唐纳利,译者许道军副教授、汪雨萌博士。该专著首次将"创意写作"作为规范的"学术科目",在学科视野中,主要结合文化研究和文学研究的学术方法厘清了"创意写作"(Creative writing)与"创意写作研究"(Creative writing studies)的区别,明确了创意写作研究的领域与对象,探讨了创意写作的实践与方法等问题,提升了创意写作研究的理论水准,为走出创意写作重实践轻学术、"回避学术"倾向做出了重大贡献。《创意与时代：美国创意写作史专题研究》是国内首部关于美国创意写作史研究的著作,作者高尔雅博士。著作围绕百年来美国社会对"写作能否教""写作如何教"的论争,论述了美国创意写作的发生发展史,勾勒了美国创意写作的学科发展轨迹,揭示了创意写作的内在运行机制及其与社会发展的交互作用和时代意义。"创意"是创意写作的灵魂,《创意写作的创意理论研究》的作者雷勇博士从写作的创意本体论角度出发,围绕创意本质、创意过程、创意障碍、创意动机、创意思维和创意灵性等六个方面,剖析创意的丰富内涵,在创意写作范畴下尝试初步搭建"创意理论"的学术分析和研究体系,回应"创意是什么""创意有何规律""如何创意"等问题。《创意写作基本理论问题》是国内第一部创意写作基本理论问题综合研究的专著,作者刘卫东博士。著作包括创意写作本体论、创意写作发生发展论和创意写作实践论三个部分。第一部分在梳理创意写作发展历史上代表性的概念和定义的基础上,探讨了创意写作的本体与本质。第二部分立足于创意写作的发端、发展历史的考察,描述了创意写作面向文学教育、文化产业和文化创新的立体发展图景。第三部分在考察联合国教科文组织授予的"文学之都"案例的基础上,勾勒了创意写作从工作坊、产业社区、创意城市到创意国家的四位一体的实践路径。《创意写作十五堂课》是许道军和冯现冬二位副教授的课堂的文字复盘,作者亦是上述二人。著作精选的十五堂创意写作课程,涵盖故事、小说、影视、非虚构、自由诗和创意文案六种基本文体,尝试从原理、技巧和工坊活动三个方面,复活创意写作课堂真实概貌,同时加以文字与理论的整理,保留现场的生动活泼和学术的丰富严谨,以此在实践上探讨"创意写作如何教"和"创意写作如何学"等问题。

五部著作各有侧重,各有特色。译著在内容上创新,提供了宝贵的信息资料和方法论启发;三部专著在学科历史、理论与方法上进行了很多探索;《创意写作十五堂课》则更多地聚焦教学实践,基本上搭建了创意写作的学术框架。尽管这套丛书无论是学术探索,还是教学探索,都有许多需要商榷与进一步研究的地方,但是这种大胆的探索,仍然值得肯定,尤其是四位年轻的博士,更需要鼓励,因为无论是在世界范围内,还是在中国,都特别需要年轻学者投身于新的学术领域。投身于新的学术领域,有时候意味着冒险,甚至意味着牺牲。

丛书虽然称作"第二辑",我们仍旧相信,它依然只是开始。同时我们依然愿意做"抛砖引玉"中的那块"砖",呼吁更多更深入的研究涌现,共同促进中国乃至世界创意写作研究的发展。

2019 年 2 月 17 日

目　录

上篇　创意写作本体论 1
- 一、创意写作的定义问题 5
- 二、文学本质的解释问题 28
- 三、创意本位文学观 35

中篇　创意写作发生发展论 43
- 一、创意写作的历史起点 46
  - （一）课程改革：创意写作的开端 48
  - （二）英语文学：创意写作的拓展 58
  - （三）教育创新：创意写作的演进 65
- 二、创意写作的存在形态 81
  - （一）作为文学活动的创意写作 84
  - （二）作为创意活动的创意写作 96
  - （三）作为学科存在的创意写作 104
- 三、创意写作的发展方向 115
  - （一）面向文学教育的创意写作 117
  - （二）面向文化产业的创意写作 125
  - （三）面向文化创新的创意写作 133

下篇　创意写作实践论 141

- 一、作家工坊：创意写作的核心机制 145
- 二、创意社区：写作实践的新型空间 151
- 三、文学之都：创意写作的创新维度 157
- 四、创意国家：创意写作的顶层规划 167

参考文献 171

后记 180

上篇
创意写作本体论

    Creative 在现代英语里，有一个普遍的意涵——"原创的"（original）、"创新的"（innovating），以及一个相关的意涵——"生产的"（productive）。它也被用来区别某些种类的作品，例如：creative writing（创意写作），creative arts（创意艺术）。

——雷蒙·威廉斯（Raymond Williams）

创意写作(creative writing)最早产生于美国,一般来说,它的发端可以上溯至19世纪末期哈佛大学开设的英语写作(English composition)课程,就其发展的历程而言,迄今为止已经有百余年的学科发展历史。如今,在美国、英国、新加坡、澳大利亚、中国、韩国和日本等国家,创意写作已经成为高等教育体系中的重要科目,对文学教育、公共文化和文化创新具有基础性的意义。

如果把19世纪末期哈佛大学的英语写作课程改革看作创意写作的起点,那么可以说创意写作是一个有着"古老"历史的学科,这个学科从19世纪末期到21世纪初,已经成为一个异常庞大的全球化的学科体系,拥有几十种专门的课程和学位授予方向。对于这一景象,正如澳大利亚弗林德斯大学创意写作研究学者洁丽·克罗尔(Jeri Kroll)和美国奥克兰大学的格雷姆·哈珀(Graeme Harper)在《创意写作研究方法》(*Research Methods in Creative Writing*)一书中所指出的那样:"在21世纪,创意写作是最有生机和警觉的学科之一,通过创造和批评,该领域在不断地向前发展。"[①]在这个背景下,创意写作在文学原创和学术研究两个方向持续扩张,新的学位方向不断涌现,它以自身的多元化实践对当代的

---

① KROLL J, HARPER G. *Research Methods in Creative Writing* [M]. London: Macmillan International Higher Education,2012:introduction.

写作观念、文学教育模式和文学本质观都提出了挑战。

然而,纵览该领域的相关文献,国际国内都很少看到对创意写作的直接定义,甚至各自的观点之间还存在很多的分歧,对"什么是创意写作""创意写作和通常所说的写作有何不同"这类问题有截然不同的解释。对比19世纪末期以来不同年份的论文可知,它们对创意写作的概括或归纳,经常有很多矛盾的地方,这对我们认识创意写作的本质产生了很大影响,对进一步进行创意写作的学术研究和教学实践的开展,都带来了很多障碍。因此,上篇从创意写作的本质问题出发,在迄今有代表性的对创意写作的定义和解释中,发掘其中的共性,归纳出创意写作理念背后潜藏的文学本质观,并将它与既有的典型的文学本质观进行比较,从而尝试对创意写作的存在形式与本质问题,形成某种初步的共识。

一、创意写作的定义问题

美国、英国、新加坡、加拿大和澳大利亚等国家,在创意写作百余年的历程中,形成了庞大的学科体系,拥有众多的跨学科的写作类型课程、几十种不同的创意写作学位,发展出了多元化的实践路径,创意写作已经成为当代文学和文化创新的重要组成部分。但是,与这个发展盛况相对的是,关于"什么是创意写作",却始终没有统一的定义。当谈论"什么是创意写作"时,人们甚至会作出截然不同的回答。由于缺少统一的定义,我们对创意写作的本质也就自然会有各种不同的理解。在这种情况下,对创意写作发展历史中的各种有代表性的定义进行梳理,就成了创意写作本体论研究的必要前提。

根据目前所掌握的文献来看,按照美国学者迈尔斯(D. G. Myers)对创意写作起源的考察,创意写作这一概念的使用,可以上溯到1837年拉尔夫·沃尔多·爱默生(Ralph Waldo Emerson)向全美大学生荣誉协会发表的演说《论美国学者》(*The American Scholar*)[①]。爱默生在这篇演讲中,明确使用了创意写作(creative writing)与创意阅读(creative reading)这两个概念。按照当下的语

---

① EMERSON R W. *The American Scholar: Self-reliance*, *Compensation*[M]. New York: American Book Co., 1893.

境,可以把它们翻译为创意阅读和创意写作,或者翻译为创造性阅读与创造性写作。

那么,在这篇演讲中,爱默生在何种意义上使用了"创意写作"这一概念呢?或者说,爱默生提出"创意写作"的目的是什么,是针对什么问题提出的呢?这里主要有两个重要的背景:当时的教育思想变革与英语文学的发展。首先,从美国教育思想的角度观察,殖民地时期崇尚的博雅教育思想在19世纪上半叶仍旧占据重要的地位,古典的语文学是其核心课程之一,在当时的教学中希腊语、拉丁语、希伯来语和修辞学是课程的主要构成。对英语写作和文学作品的强调虽然在1756年的"通才教育计划"(Scheme of Liberal Education)中已有体现,但仍然只是当时课程的附庸,文学原创、经典阅读、英语写作并没有得到重视,即使开设了英语写作(English composition)课程,出版了相关的著作,其目的也主要在于提高学生的基本读写能力,而和文学创作没有太多联系,想象力和后来为社会所重视的创造力都不被看重。在这种情况下,对英语文学特别是作品原创的强调,要想在教育层面得到认可,避不开来自既有教育思想的压力。其次,从英语文学教育发展的角度来看,殖民地教育时期和建国后到南北战争结束这段时间,美国的英语系(English department)尚未确立,我们今天熟悉的英语文学系,当时并不存在。在这个情况下,文学作品和英语写作发展依赖的条件还没有形成,无法在高等教育的课程中占有一席之地,此时离日后给予英语文学创作、文学批评和学术研究庇护的英语系的普遍建立,还隔着半个多世纪。有理想和抱负的作家在高校中找不到立足点,只能从事古典语文学等方面的教学,文学教育和文学研究在这个时候还没有成为特定的研究性的学术科目。

　　因此，我们可以看到爱默生演讲背后的历史语境，是当时美国高等教育中文学写作、文学作品、文学教育不受重视的现实。爱默生从他所处时代的文学教育、文学写作教育的现状出发，对古典语文学课程的僵化问题提出批评，主张重视文学本身，提倡创意写作和创意阅读，这两点都是围绕文学写作和文学教育的必要性及其在教育中的合法性而提出的。深受英国宗教思想影响的美国19世纪的教育，其机制中很难产生新的文化思想，学生的兴趣和思考不被鼓励，文化原创思考和心灵的自由也就不可能有成长的机会，美国文学的发展也就很难获得自身的空间。

　　爱默生的《论美国学者》中，在思想层面上对彼时文学创作的批评，对思想僵化的古典教育的批判，对文学与写作创造性力量的提倡，一定程度上可以看作美国文学的"独立宣言"，也可以看作创意写作理念在美国文学史上的开端。

　　爱默生的演讲所强调的创造性的阅读和写作，实质上是在追求美国文学自身的独立性，与1783年《美国韦伯斯特大词典》编撰者诺亚·韦伯斯特（Noah Webster）所说的"美国在政治上独立了，在文学方面也必须独立"[①]两者精神上可谓是相通的。爱默生提出的"创意写作"正是基于人文教育的立场，对文学原创的鼓励，对创造性思想的提倡，也是对文学本身在教育中的独立价值和身份的呼吁，即写作必须获得它自身的价值，它具有独立性，而不是语文学的附庸。

---

　　① GROSS R A. Building a National Literature: The United States 1800-1890[M]// ELIOT S, ROSE J. A Companion to the History of the Book. Malden, Massachusetts: Blackwell Publishing, 2009: 315.

美国作家与创意写作项目（AWP）前执行主管大卫·芬扎（David Fenza）在《创意写作及其不满》（*Creative Writing & Its Discontents*）一文中曾集中讨论了创意写作在美国的发端问题，也指出了爱默生使用"创意写作"这一概念的语境，认为爱默生演讲中所强调的创造性，针对的是"阅读的修补者、所有范围的藏书狂的校正者"①。在这里，创造性的阅读即思想活力的激发，它所反对的是"各种藏书家、校勘家和注释学者"，或者说是古典语文学为代表的教育理念，创造性的写作，其目的就是要摆脱把写作视为道德教化、谋生工具的观念，视写作为一种文化创造行为。

结合爱默生的演讲内容和当时美国文学、写作教育的处境，我们可以看出：

爱默生所说的创意写作，是一种注重作者自我思想创造性表达的写作，它注重的是作者的自我创造思想的表现，而不是19世纪前期和中期盛行的古典语文学侧重的语法、修辞等训练。正是由于它对创造性思想和作者自我主体精神的强调，把文化创造和原创思想表达作为写作的第一要义，强调文学和写作自身的独立价值，它才有了与19世纪强调文法训练的英语写作不同的本质，故此才被称为"创意写作"。

显然，爱默生所提出的"创意写作"，是把英语写作作为一种原创思想的表达，是一种文化、精神层面的创造行为，这才是写作的根本价值所在，它与文化思想的原创和自我心灵的完善发展联系在一起，与美国文学追求自身的独立身份密切相关。由此，写作本

---

① FENZA D. *Creative Writing & Its Discontents* [EB/OL]. [2017-12-16]. https://www.awpwriter.org/magazine_media/writers_news_view/2871/creative_writing_its_discontents.

质上不再是单纯的对外在世界的模仿(模仿论),不是个体主观精神世界的表现(表现论),不是某种用来教化、娱乐的工具(工具论),也不是纯粹自足的形式符号系统(客观论)。写作本质是一种创造性的文化活动,它是一种文化创造,对美国文学的独立发展具有重要意义,这正是爱默生在演讲中所强调的。可以说,爱默生从文化创造的角度给写作下了定义,把文学的本质视为一种原创行为:从文学的原创到文化的原创。

理解了爱默生使用"创意写作"这一概念的背景,我们再来看看美国当代学者迈尔斯对创意写作给出的定义。正是迈尔斯在研究创意写作的起源问题时,把爱默生的《论美国学者》作为发端。如果按照迈尔斯的研究,我们可以说最早正式使用"创意写作"这一概念的,正是爱默生。就这一点而言,迈尔斯就爱默生对"创意写作"概念的使用和阐发,明确了其发端的时间点,为我们关于创意写作的历时性研究指明了方向。

迈尔斯对创意写作的理解,是基于对美国教育体系内英语写作逐步发展过程的观察而建立起来的。迈尔斯对美国创意写作史的研究,为我们呈现了创意写作清晰的发展脉络。迈尔斯指出,我们今天所熟知的创意写作,是在19世纪美国高等院校的英语写作课程的基础上不断演进而产生的,它本身是为了摆脱古典语文学教育的烦琐、改变文学本身不受重视的局面而出现的,其最初的目标就是为了弥合关于文学的学术研究(scholarship)和社会实践(social practice)之间的裂缝[1]。

---

[1] MYERS D G. *The Elephants Teach: Creative Writing Since 1880*[M]. Chicago: University of Chicago Press, 2006:14.

虽然在迈尔斯的著作《大象的教学：1880年以来的创意写作》（*The Elephants Teach: Creative Writing Since 1880*）一书中并没有直接给出创意写作的定义，但是我们仍然可以看到迈尔斯对创意写作的基本概括：

创意写作关系到两件事情：第一，它是指课堂科目，即全国范围内的学院和大学的虚构和诗歌写作课程；第二，它是指聘用小说作家和诗人讲授这个课程的国家系统①。

在迈尔斯的概括性定义里，创意写作的两层含义都不难理解：首先得以明确的是创意写作是一门写作课程，主要讲授小说和诗歌。其次，聘用小说作家和诗人担任教师，则应该具有包括以驻校作家和以作家工坊为主的教学机制。为了更好地把握迈尔斯对创意写作的界定，我们再概括一下他对创意写作发端和最初演进的说法：

创意写作，是在19世纪美国高等教育体系内出现的英语写作（English composition）课的基础上发展起来的一种写作理念，它注重作品本身的价值，强调原创性，鼓励作者创造性的自我表达，提倡摆脱语法、修辞课程的束缚，是对19世纪古典修辞学教学的一种反抗与超越。之后，随着20世纪初进步主义教育等教育改革运动的涌现，以及1925年休斯·默恩斯（Huges Mearns）《年轻的创造力》（*Creative Youth*）②一书的出版，创意写作被用来指称此前的英语写作，此后这一称呼开始流行起来，很快取代英语写作成为正式

---

① MYERS D G. *The Elephants Teach: Creative Writing Since 1880*[M]. Chicago: University of Chicago Press, 2006: XIII.

② 为便于理解和交流，休斯·默恩斯的著作 *Creative Youth* 一书的书名翻译，这里沿用了葛红兵、高尔雅的翻译。

的名称①。

通过对19世纪末期美国高等院校的英语写作课程发展历史的考察,迈尔斯勾勒出了创意写作的开端与发展轨迹,对相应的时间点和重要事件都有清晰的表述。创意写作最初是作为对古典修辞学的反叛而出现的,并以19世纪末期美国高等教育的扩张与学科分化为契机,逐步争取到了独立课程身份。1880年哈佛大学的温德尔(Barrett Wendell)主导的英语写作课程教学,可以看作这一时期的典型代表。此后,借助20世纪初进步主义教育(progressive education)运动的强大推动力,创意写作作为进步主义教学实验课程首先在中学被社会广泛接受,继而才进一步确立了在高等教育体系内的独立课程地位,其中以1936年爱荷华大学建立第一个创意写作艺术硕士点为最重要的成就。

显然,从学科源头上加以考察的话,创意写作本质上源自19世纪美国高校内的英语写作,它可以看作现代创意写作的母体,然后用了近60年(1880—1936),在高等教育体系内建立了第一个创意写作艺术硕士点。这个过程并不是一次性完成的,而是与美国的现代化、教育改革、现代学术机制的确立紧密联系在一起,有其特定的社会基础和思想基础。这些英语写作课程早在19世纪上半叶就已经存在,甚至在18世纪中期,富兰克林在当时新创建的文实学校(academy)的课程计划中,就已正式提出作文和文学、写作和绘画等科目。但是,只有在哈佛大学英语系温德尔的写作课堂上,它才摆脱了强调语法、修辞训练的英语写作的教学模式,转

---

① MYERS D G. The Elephants Teach: Creative Writing Since 1880 [M]. Chicago: University of Chicago Press, 2006: 36-40, 119-121.

向以学生作品培育为中心的写作技巧、想象力激发方面的教学。从此,英语写作变成了推崇学生独立创作能力培养、学生创作思维和方法训练的课程,正是在这样的转变中,学生的创造力开始得到重视。重视学生的创造力,提倡文学写作本身的独立价值,加强写作技能方面的训练,由此形成了一套写作训练方法和理念,这个时候的英语写作就慢慢完成了向今天的创意写作的演进。

所以,本质上而言,创意写作是随着既有英语写作不断增强对学生创意和写作技巧的训练而逐步成型的。随着美国现代化的推进,在文化、科技与商业不断飞速发展的背景下,发明创造在整个社会内得到鼓励,教育思想领域也随之风气大变。当对创造性的强调和写作的独立身份越来越为公众所认同时,写作课程中对原创性的鼓励成为主流。正是在这个演变过程中,创意本位的写作课程理念逐步替代了修辞本位的写作理念,以学员为中心的教学理念替代了以教师固定讲授为主要模式的课程理念,以作品培育为核心的课堂目标替代了以写作基本能力训练为重心的课堂目标,完成了教育理念、教学方法和课堂目标三个层面的全面转换。虽然在很长一段时间内,英语写作课程在名称上仍旧未变,但是它内在地已经完成了写作观念的切换,这个时候的英语写作实质上就是创意写作。同一个名称,不一样的文学写作理念,这就是创意写作与此前充当修辞学课程附庸的英语写作课的区别,理解这一点有助于我们把握创意写作和经常提到的"写作"课程的异同。

那么,创意写作具体是在什么时候由英语写作变成了创意写作(creative writing)的呢?显然,关键在于"创意的"或"创造的"这一词汇所代表的新型写作理念的崛起。我们认为,这一名称的变化有三个重要背景需要加以了解。第一个背景正如迈尔斯所指出的那样,在休斯·默恩斯的著作《年轻的创造力》(Creative Youth)出版后,书中使用了"创造的"(creative)一词来指称当时注重作品原创、写作技巧训练的英语写作课程,由此就被沿用至今①。第二个背景是美国 20 世纪初期的进步主义教育运动(progressive education)。正是在进步主义教育理念的影响下,对学生创造力的重视成为一种新的流行观点,它对创意写作强调文学创造具有重要的促进作用。默恩斯本人就是进步主义教育运动中著名的学者、杜威思想的拥护者。在默恩斯的影响下,这种注重创造性自我表达(self-expression)的写作课被命名为创意写作,成为被效仿的对象。第三个背景则是从 19 世纪后期开始,随着美国城市化、工业化进程的不断推进,社会、经济、文化等多个层面都非常注重技术、文化创新。新的创新能够为文化、经济带来跨越式的发展,发明创造被极大地加以鼓励,美国现代化历史进程中对创造性能力的渴求与鼓励,构成了英语写作向创意写作转型的宏观背景,也正是在这一阶段,"创意的"(或"创造的""创新的")这个词汇才开始进入不同的领域,与既有的概念和实践相结合。这里讲到的三个背景,它们之间相互勾连,密切相关,表明了个体教育、教育改革和社会进步三大层面上的新的动向。

  后来对创意写作尝试加以概括或给出定义的学者,都在不同程度上对创意写作的特点或本质进行了追问。1963 年美国学者艾伦·泰特(Allen Tate)在《什么是创意写作》(What Is Creative Writing?)一文中对他所从事的创意写作教学进行了描述,泰特指

---

  ① MEARNS H. *Creative Youth: How a School Environment Set Free the Creative Spirit* [M]. New York: Doubleday, Doran & Company, Inc, 1930: XI.

出当时的创意写作课程主要是教授小说、诗歌,鼓励学生阅读文学作品、注重写作技巧都是教学中的要点①。只要对比一下1880年之前的大部分英语写作课程,就不难发现两者的区别。在那个时候,文学作品的研究很少进入写作教学课堂,写作这一行为本身也不被重视;而到了泰特所处的时代,以作品培育和原创力激发为核心的写作教学,已经遍布美国的高等教育体系,驻校作家和创意写作专职教师的教学都围绕着学员、作品展开。

再看一下美国创意写作艺术硕士教育的先驱爱荷华大学,也就不难理解这其中的交错与区别,可以帮助我们更好地理解创意写作的本质。

爱荷华大学的创意写作艺术硕士点的确立,其前身可以追溯到1897年开设的诗篇写作课(verse making class)。按照斯蒂芬·威尔伯(Stephen Wilbers)的观点,当时的诗篇写作课程可以看作后来工坊(workshop)授课的先导②。在当时,创意写作主要是指虚构(fiction)与非虚构(non-fiction)类的诗歌写作。以爱荷华大学的创意写作为例,艺术硕士点确立之后,创意写作以工坊制为核心的教学法代替了19世纪英语写作中的语法、修辞为主的教学法,更为强调作者的独立地位和创造性,整个教学都在围绕作品的原创进行。显然,就20世纪早期爱荷华大学的创意写作而言,它是一种以作品为产出、以创意为导向、以作家工坊和驻校作家制度为核心的写作教育,注重的是作家原创能力、写作技能的培养,包含了

---

① TATE A. What Is Creative Writing? [J]. *Wisconsin Studies in Contemporary Literature*, 1964, 5(3): 181-184.

② WILBERS S. *The Iowa Writers' Workshop: Origins, Emergence & Growth* [M]. Iowa City: University of Iowa Press, 1980: 35.

小说、非虚构、诗歌等多个方向的写作类型。

不过，无论是后来发起国际写作计划（IWP）的保罗·安格尔（Paul Engle）还是艾伦·泰特，他们可谓最熟悉爱荷华大学创意写作的人，但都没有直接给出创意写作的定义，这给我们讨论创意写作的本质和定义问题带来很多困难，也说明创意写作一直处于飞速的发展之中，对它下定义并不容易，人们只能针对一时一地的情况或现象，尝试给出解释和定义。不过，从爱荷华大学早期创意写作的发展情况来看，我们仍旧能够看到当时创意写作的具体内容，对其基本的教学方式和理念有一个相对完整的理解。当时的创意写作是这样的：

在爱荷华大学，创意写作是一种新的物种，它与19世纪的英语写作教学有很大的不同，虽然在写作的文体上仍旧是关于小说、诗歌的写作，但是写作不再被看作一个修辞过程，而是一个创造过程，作者的个性、想象力和灵感成为课堂上的重点。作者的创造性想法和原创能力是教学的重心，工坊制教学的目的就在于发掘作者的创造力，这种观念视文学写作是一种创造性的活动。

爱荷华大学的创意写作课程与此前的英语写作教学有很多不同之处，按照上海大学中国创意写作中心葛红兵的观点，爱荷华大学的教学"不同于一般大学课程由教授向学生传授知识和思维方法，创意写作的教学有其特殊规律和方法，在这里不断从个人的经历、回忆、观察、思考中深挖素材，写出以往没人写过的原创作品成为教学目的。在这里，写作从某种意义上变成了认识自我、发现自我、表达自我的过程，激发学生的创造潜能、让写作真正切近学生的个人体验是创意写作教学的根本原则，其授课形式多采用学生与老师组成合作团体，在课堂上大家平等地展示自己的作品，各抒己见,对别人的作品也可以提出称赞、批评、修改意见"①。

仔细思考葛红兵给出的判断,不难发现,当时爱荷华大学的创意写作与19世纪早期和中期的英语写作的不同之处至少有两点:第一,创意写作的教学已经从教师主导转向以学生为中心,教师不再是教学的核心,一切都围绕学生及其作品培育进行,而这在19世纪中期或更早的时候,几乎是不可能的;第二,创意写作的作品培育和学生创造力的激发,是课程的重点,大家通过工坊讨论交换意见,这是教育民主化思想在课堂的体现,而早期的英语写作则集中在语法和修辞方面,学生的自我表达和想象,基本上被忽略了,处于被压抑的状态。

如果创意写作一直这样发展下去,对创意写作的定义就简单多了。但是,随着20世纪写作类型的不断发展,创意写作所包含的内容也开始更加繁杂,在这种情况下虽然创意写作已经成为英语国家高等院校内的常规科目之一,其学科实践路径和教学目标却发生了很大的变化,特别是课程和学位也出现了很多新的类型。在这个情况下,我们对它进行精确定义的难度更大了。

考虑到第二次世界大战后,随着教育专业化、大众化、民主化、职业化的不断推进,新闻写作、商业文书写作和广告写作、剧本写作的课程也不断增加,创意写作学科本有的子分类迅速扩展,创意写作原来以小说、诗歌和非虚构类写作(新闻、传记等)为主要课程的情况,发生了很大的改变。虽然在创意写作的体系内,小说、诗歌和虚构类的写作课程一直是核心构成,但是对创意写作的定义

---

① 葛红兵.上海大学创意写作丛书总序[M]//马克·麦克格尔.创意写作的兴起.葛红兵,郑周明,朱喆,译.桂林:广西师范大学出版社,2012:4.

自从二战后开始,就不可能对其他新兴的被纳入创意写作教学体系的新课程视而不见了。特别是随着当时教育大众化、民主化和战后各种社会运动的涌现,文学作为社会文化生产、社会舆论场的组成部分,其介入现实的机会也越来越多。正如詹姆斯·A.伯林(James A. Berlin)指出:"在大萧条之后,将写作视为一种在特定社会语境下发展的,并产生社会结果的社会行动的趋势在增长。在某种程度上,这是对第一次世界大战前进步教育的支持者所确立的社会改革冲动的回归。"①此时的创意写作发展进入了新的阶段,面临的是更为复杂的社会语境,这些已经不是文学教育、文学课堂所能涵盖的。

在这种情况下,创意写作一方面保持着早期从英语写作起步,以小说、诗歌和非虚构写作为核心的创意写作课程,另一方面又随着社会经济、文化发展和民主运动而扩展出新的新闻写作、广告写作、剧本写作、商业文书、游戏写作、社群写作等各种应用性较强的面对文化市场、大众群体的写作课程、活动和学位。在这个情况下,如果不能有效地梳理前后两个阶段的共通点,要对创意写作进行整体的解释和定义,就会是非常困难的事情。

这个情况其实在迈尔斯的著作中也有相关的论述。迈尔斯在考虑对创意写作的本质进行讨论的时候,就已经指出,当我们在谈论创意写作的时候,我们可能谈论的完全不是同一个对象②。因此出现像英文版维基百科、剑桥英语词典和柯林斯词典上的关于创

---

① BERLIN J A. *Rhetoric and Reality: Writing Instruction in American Colleges, 1900 - 1985*[M]. Carbondale: Southern Illinois University Press, 1987: 81.
② MYERS D G. *The Elephants Teach: Creative Writing Since 1880*[M]. Chicago: University of Chicago Press, 2006: 2.

意写作的宽泛的定义,也就不足为奇了。

创意写作,包括了专业写作、新闻写作、学术写作等一切写作在内的一种写作体系。(英文版维基百科)

创意写作是指包括小说、故事、诗歌和剧本在内的写作。(柯林斯词典在线版)

创意写作是指故事、诗歌等写作活动,或者指已经完成的故事诗歌作品。(剑桥英语词典在线版)

杜克大学写作项目(Duke Thompson Writing Program)则把创意写作列为当代社会四十多种写作活动的类型(genres of writing)之一,对创意写作给出了类似的定义:

创意写作是一种艺术表现方式,通过比喻、叙事和剧本把想象力转化为意义。这种写作与分析的、实用的写作不同。这种类型主要包括诗歌、虚构(长篇小说、短篇小说)、脚本、电影剧本和创意非虚构小说(creative non-fiction)[①]。

杜克大学写作项目给出的定义,突出的是创意方法和创意表现,已经把文学写作和电影剧本等创作置于共同的"创意方法"之下,多种文学写作的类型都放在"创意"这一核心概念下加以理解,这本身就是对既有写作定义的一种突破。

杜克大学写作项目给出的解释,与美国学者马克·麦克格尔(Mark McGurl)的观点较为接近。麦克格尔在《创意写作的兴起:战后美国文学的"系统时代"》(*The Program Era: Postwar Fiction and the Rise of Creative Writing*)中对创意写作的发展进行了案例考察,

---

① Duke Thompson Writing Program. *Creative Writing: Definition of Genre*; [EB/OL]. [2019 - 07 - 07]. https://twp.duke.edu/twp-writing-studio/resources-students/genres.

他认为正是高等院校内部的创意写作教育构成了美国战后文学发展的重要基础。在麦克格尔的观点中,创意写作是鼓励文学原创的一整套训练体系,包括小说、诗歌等类型的写作,它是一门课程,也是一个学位,同时还是美国文学与文化发展的重要组成部分①。

在 2006 年出版的《劳特里奇创意写作讲义》(*The Routledge Creative Writing Coursebook*)一书中,保罗·米尔斯(Paul Mills)则把创意写作视为"写作的艺术"(writing as art),接近 1948 年 R. 凡·艾伦(R. Van Allen)给出的解释:创意写作是一种艺术性的自我表达(artistic self-expression)。根据该书,创意写作主要是指故事、诗歌、儿童故事、戏剧、电影、广播等在内的写作课程。米尔斯对创意写作的界定与前述定义差别不大,只是扩大了写作的类型②。

2007 年,剑桥大学出版社的《剑桥创意写作导论》(*The Cambridge Introduction to Creative Writing*)则更注重写作中创意本身的价值,认为"创意写作是一种陌生化的艺术(the art of defamiliarisation),一种拆除我们身边世界熟悉的表象的行动,允许我们看到被习惯遮蔽的东西"③。这里突出的是创意写作的本质,是从艺术创造的诗学层面所下的定义。正是在这部著作里,我们看到了以创意为本位对创意写作尝试进行定义的新思路,如书中所述:

科学的、哲学的和艺术的重要性发现,时常都通过认知和创意

---

① MCGURL M. *The Program Era: Postwar Fiction and the Rise of Creative Writing*[M]. Cambridge: Harvard University Press, 2009: IX-XI.
② MILLS P. *The Routledge Creative Writing Coursebook*[M]. Abingdon: Psychology Press, 2006: 1-14.
③ MORLEY D. *The Cambridge Introduction to Creative Writing*[M]. Cambridge: Cambridge University Press, 2007: 9.

过程的四个步骤来完成：专注细节→完成隐喻转换→陌生化→得到不同角度的新事物，事实上就是感受到一个全新的（事物），就像儿童那样①。

在这里，创意写作本身的"创意"被认为是普遍存在于科学、哲学和艺术领域的，"创意"是贯穿其中的核心因素。回到创意写作的定义问题，我们可以看到，正是这里所讲到的"创意"构成了创意写作的核心。从这个角度而言，这个解释已经接近一种创意本位文学观，它尝试跳出本质主义研究思维的陷阱，采用建构主义的方式，认为创意写作的本质即一种创意活动。从文献的角度来看，后来从创意本位对创意写作尝试进行定义的努力，在思想脉络上都可以上溯到这部著作。

无独有偶，《创意写作实践：学生入门》(The Practice of Creative Writing: A Guide for Students)一书，也给出了同样的观点："创意作者和科学家分享相似的和互补的方法，以此面对世界。作家和运动员、音乐家有很多相同之处，它们知道怎样把大量的时间聚焦在一种活动上面。创意写作让我们变得更有思考力、洞察力，更善于表达。"②

剑桥大学出版社的《剑桥创意写作手册》(The Cambridge Companion to Creative Writing)，也给出了类似的判断，把创意写作看作一种以培养作家为目的的写作教育，作家是一种创造性的写

---

① MORLEY D. The Cambridge Introduction to Creative Writing[M]. Cambridge: Cambridge University Press, 2007: 9.

② SELLERS H L. The Practice of Creative Writing: A Guide for Students[M]. Boston: Bedford/St. Martin's, 2016: introduction.

作者,无论他是写新闻、小说、哲学、历史、诗歌还是其他非虚构作品①。这里所讲到的"创造性的写作者",即创意作者(creative writers),指无论从事哪一种写作,其中贯穿的核心就是创意。

在创意写作的庞大体系内,各类作者被称为创意作者,各个文本虽然千差万别,但是本质上又都是通过创意过程而产出的原创作品,最核心的部分即是创意。至此,创意作者的活动自然也就成了创意活动的一种。在创意写作教研领域的学者格雷姆·哈珀的著作《创意写作论》(*On Creative Writing*)中,创意写作的本质一方面指创意写作活动,另一方面指在这个活动中完成的作品,包括诗歌、脚本、故事、长篇小说等②。而在哈珀主编的《创意写作指南手册》(*Creative Writing Guidebook*)则把创意写作看作一种建立在知识和应用基础之上的写作活动③。哈珀显然把创意写作界定为一种写作实践活动,或者说是一种创造性的活动。这种拒绝本质主义的定义,从文学活动和创意实践的角度考察创意写作的方法,尤其值得我们注意。

此外,在2016年出版的《当我们谈论创意写作时我们在谈论什么》(*What We Talk About When We Talk About Creative Writing*)一书中,英语国家的创意写作研究学者也对创意写作的定义问题进行了重要的讨论。在一篇名为《创意写作再定义》的学术对话中,黛安娜·唐纳利(Dianne Donnelly)、汤姆·C. 汉利(Tom C.

---

① MORLEY D, NEILSEN P. *The Cambridge Companion to Creative Writing*[M]. Cambridge: Cambridge University Press, 2012: 1.
② HARPER G. *On Creative Writing*[M]. Bristol, UK: Multilingual Matters, 2010: 2.
③ HARPER G. *Creative Writing Guidebook*[M]. Bloomsbury: A & C Black, 2008: 1.

Hunley)、安娜·莱西(Anna Leahy)以及蒂姆·梅耶斯(Tim Mayers)等六位学者对创意写作的内涵与定义进行了多角度的主题讨论。例如,莱西认为,"创意写作是关于作品的创作活动";"当我们写作时,自我表达是不可避免的一部分,但它并不是我们课堂的目标"。唐纳利则引用格雷姆·哈珀的观点,认为"像哈珀那样,将创意写作描述为'流动的'是更为准确的,它不是一个会过长时间保持静止不动的学术科目"[1]。显然,创意写作的学科发展史不仅包含了文学写作教育这一基本维度,而且有文学课堂之外更为复杂的内涵,它并没有一个长期确定不变的范围。

综合上述情形,之所以出现这种松散的定义和差异很大的情况,主要原因有三个:第一,今天的创意写作本身就是从既有的写作传统中发展出来的,之前的各种写作分类必然被包括在创意写作的子分类中,但是创意写作学科内部理论研究的滞后,使得我们更多地从虚构与非虚构或应用与纯文学这样的二元概念对其进行形式上的区分,这种方法已经严重影响了创意写作理论研究的推进;第二,二战后随着社会经济的发展,新的写作类型和文本涌现,媒介技术不断更新换代,创意写作在坚持自身教育理念的情况下,把这些新的子分类不断纳入进来,扩展自身学科体系,对创意写作下定义就比较困难;第三,对创意写作所下定义的角度不同,有的是从创意写作的客观形态尝试下定义,有的是从创意写作的内容角度尝试下定义。

然而,从迈尔斯到格雷姆·哈珀,这些关于创意写作的不同理

---

[1] LEAHY A. *What We Talk About When We Talk About Creative Writing* [M]. Bristol, UK: Multilingual Matters 2016:Part 8.

解和解释，正在逼近创意写作的本质。综合上述情况，大致可以说在二战之前，创意写作主要指诗歌写作（poetry writing）、虚构写作（fiction writing）和创意非虚构写作（creative non-fiction writing），它们共同的课程源头就是19世纪开始盛行的英语写作。那时，简单地把创意写作定义为诗歌、虚构和非虚构类的创造性写作活动，大致是符合事实的，这一时间段的核心问题在于文学创意的激发（特别是进步主义教育思想影响下对学生自我表达和创造力的重视）。二战后到20世纪70年代则可以看作一个过渡期，新闻写作、戏剧写作、动漫写作、游戏写作、旅行写作等众多的写作类型，随着社会发展的需要，开始被纳入创意写作课程体系，成为创意写作课程的有机组成部分，这一时间段的核心问题在于文学创意开始与文化生产或者文化产业链联系在一起，这是创意写作在20世纪90年代以来的新的发展趋势之一。

在这种情况下，对创意写作的定义显然也需要调整，需要充分考虑前述两个时间段内创意写作的发展特点和核心问题。整体上，为了方便理解，我们可以把诗歌写作、虚构作品写作与创意非虚构类写作看作创意写作的核心部分，它代表了19世纪末期以来创意写作的主要内容，而二战后不断涌现的与大众文化、文化产业关联度较高的写作课程，则可以视为创意写作的外围部分，它是在最近几十年，特别是20世纪80年代以来文化产业不断发展的过程中逐步出现的。

在这一整体时间段划分的背后，我们仍旧可以看到贯穿其中的核心要素：创意。纯文学写作中，小说、诗歌等写作需要创意，广告、动漫和戏剧、影视写作也需要创意，在这些驳杂的写作分类中，唯一不变的要素就是创意。创意在这里是对传统写作研究中的灵感论、想象力、创造力的整合,它既是文学想象力,也是文化产业生产要素和宏观文化创新要素,从这个角度来理解创意写作的庞大系统,思路就会清晰许多。正是由于这个原因,我们可以看到无论是19世纪的爱默生,还是当代学者迈尔斯、麦克格尔等人,对创意写作核心的理解都是一致的,那就是对贯穿其中的创意的重视。

不过,我们也可以看到,正如迈尔斯所指出的,创意写作在过去的发展历程中逐渐偏离了它早期的目标,发展成为容纳几十种写作课程的庞大系统。创意写作早期的目标正在于弥补学术研究和市场化之间的裂缝,就目前的发展总体态势而言,它已经偏离了这个目标。

随着越来越多的写作类型的出现,对创意写作的定义变得更加困难,当前阶段,在国内较有代表性的定义是上海大学中国创意写作中心葛红兵提出的,最早发表在2011年的学术期刊上:

"创意写作"是一切创造性写作的统称,为了强调其"创造性"内涵,以突出与传统写作的本质区分,笔者更愿意将创意写作界定为人类以写作为活动样式、以作品为最终成果的一种创造性活动。它的第一规约是"创造性",第二规约是"写作",其本质是"创造性活动"。创意写作首先是一种创造性活动,涵盖了传统文学创作但又远远超越于传统文学创作,它既一如既往地致力于传统文学的"写作的创意",又适应文化产业化发展新变化,面向现代文化创意产业,开展"有创意的写作"[①]。

葛红兵是中国最早进行创意写作学科建设的学者,在这里他

---

① 葛红兵,许道军. 中国创意写作学学科建构论纲[J]. 探索与争鸣,2011(6):66-70.

指出了一个重要的问题,即创意写作包含了我们常说的传统文学创作,又有面向文化产业而出现的一些新的写作类型。2012年翻译美国学者麦克格尔的著作《创意写作的兴起:战后美国文学的"系统时代"》时,葛红兵在序言中细化了这一定义,两个定义相互对照,可以帮助我们更准确地把握定义背后的侧重点:

"创意写作"是一切创造性写作的统称,包含狭义虚构类创造性写作和非虚构类创造性写作等。创意写作不仅培养作家,还更多地着力于为整个文化产业发展培养具有创造能力的核心从业人才,为文化创意、影视制作、出版发行、印刷复制、广告、演绎文娱、文化会展、数字内容和动漫等所有文化产业提供具有文化原创力的创造性写作人才①。

两个定义可以形成对照、互补,其对写作中的"创造性"的强调是根本。我们认为葛红兵为创意写作所下的定义,对创意写作的本质进行的综合性说明,考虑到了创意写作发展中期,其内涵历时性的变化问题,是当下较有代表性的。对创造性的强调决定了创意写作不同于传统的以语法修辞训练为核心的写作教学,同时它涵盖了超出文学写作之外的多种写作类型,核心要素就是"创意",多种写作类型也都统一于"创意"这一要素。

葛红兵对创意写作的定义,与史蒂文·恩肖(Steven Earnshaw)在《创意写作指南》(*The Handbook of Creative Writing*)中对创意写作的概括具有一致性。恩肖把诗歌、小说和当下文化产业中的广播写作(writing for radio)、舞台写作(writing for the

---

① 葛红兵.上海大学创意写作丛书总序[M]//马克·麦克格尔.创意写作的兴起.葛红兵,郑周明,朱喆,译.桂林:广西师范大学出版社,2012:3.

stage)、电视写作(writing for television)、电影写作(writing for film)、闪小说(flash fiction)、网络写作(writing for web)、歌词写作(song lyrics)等众多写作类型纳入创意写作的范畴,覆盖了文学创作和面向文化产业的各种新型的写作类型,它们正是葛红兵所说的"有创意的写作"[①]。

如果深入理解迈尔斯对创意写作起源所持的观点,就不难理解这里列举的各种定义和概况,虽然看起来差别很大,但却是在不同时期、不同层面对创意写作的本质尝试下的定义。这些不同的解释,最终慢慢地构成了新的综合性的定义的基础。这一过程是创意写作不断演进的过程,也是创意本位文学观不断走向文学研究前台的过程,同时还是创意写作系统不断扩张自身,把不同写作类型整合到一起的过程。从1880年哈佛大学开设英语写作课程开始,到1936年爱荷华大学确立第一个创意写作艺术硕士学位,正是美国创意写作崛起的早期历史过程。无论是早期哈佛大学英语写作对学生独立思考能力的重视,还是爱荷华大学对学生原创能力的强调,其重点都在于突出文学创造本身的独立性、原创性价值,避免把文学变成纯粹知识化的学术研究和只注重实用性的工具。这种理念的关键在于把文学创造看作一种创造性的活动、一种创造性的自我表达,是一种文化原创行为,它是对文学本质的理解和重新定义。二战之后,英语国家快速涌现的众多创意写作学科与这一新的文学本质观念密切相关,当代创意写作庞大的学科体系和发展图景也都得益于这种新的文学本质观。可以说,在创

---

① 参见 EARNSHAW S. *The Handbook of Creative Writing* [M]. Edinburgh: Edinburgh University Press, 2007.

意写作不断扩张自身的事实背后，除了外部的社会、经济层面的动力，内在的这种以创意为核心的文学观念不断成熟，是创意写作系统得以形成的关键所在。

从历时性的角度观察，这种新的文学本质观是随着创意写作的不断演进而巩固下来的，其根本特点在于把文学视为一种创造性活动，是一种生命经验的自我表达、内在思想的自我发掘和文化创造。从爱默生、迈尔斯、麦克格尔等人对创意写作的理解中，我们可以看到一种新的文学本质观念，创意写作对作者创造能力的强调成为重点，文学作品正是这种创造力的体现。创作是一种创造性的活动，创作的根本不在于语法和修辞，而在于创造性的表达。

因此，我们认为这种以创意为本位的文学观念，是创意写作得以确立自身独立性和合法性的基础，它代表了当代文学发展的一种可能性。创意本位文学观是创意写作演进和成为全球性学科的关键，而且以创意为本位的文学本质观，能够很好地解释文学的产业化和文化产业创意的衔接、转化问题。按照葛红兵的研究，这就是从创意写作学的角度重新定义文学的本质。这种文学观念，与既有的模仿论、工具论和表现论、客观论等文学观都有很大的不同，它既是战后文学不断产业化发展的结果，也是当前文化产业与文学原创复杂关系的呈现。

二、文学本质的解释问题

进一步对创意写作的本体意涵进行研究,涉及文学本质观的问题。一种新的创作观念及其教学体系的建立,背后存在的正是文学观念的新变革。从美国创意写作发展历程来看,创意写作这一庞大系统存在的根本基础就在于它逐步形成的创意本位的文学本质观。正是由于创意写作把自身的合法性、独立性建立在创意本位的基础上,与重视语法、修辞训练的传统写作课程相区别,并围绕"创意"和"创造性"推进写作教育。

相应地,创意写作从19世纪诞生之初,就把写作视为一种创造性活动,认为其本质是人类创意活动的产物,文学创造既是一种经验的自我发掘、思想观念的创造性表达,也是一种文化意义上的自由创造,而非单纯的自我主观精神的表现或者对世界万物的模仿,也不是与外在文化和社会空间无关的纯粹自足的符号系统。这种文学本质观可以很好地帮助我们把文学原创、文化创造、自我与社会的文化发展问题贯穿起来理解。在这种观念里,文学不是对外在的模仿或内在主观精神的表现,它与文艺思想史上的诸多关于文学本质的定义可以构成很好的互补,有助于我们走出本质主义的文学研究的局限,多维度、多层次地认识文学的本质。

在文艺思想史上,关于文学的本质问题,存在多个不同的定义,它们代表了人们对文学本质的多元化的认识。英国学者彼得·威德森(Peter Widdowson)在《现代西方文学观念简史》(*Literature*)中梳理了现代文学观念建构的历史轨迹,对存在的不同观念进行了分析。威德森指出:"在20世纪后期,'文学'作为一个概念、一个术语,已然大成问题了。一方面是由于意识形态的污染把它视为高档文化之典范;要么相反,通过激进批评理论的去神秘化和解构,使之成为不适用的,至少是没有拐弯抹角的辩护。"①从柏拉图开始到20世纪的文艺理论,关于文学本质的定义可谓种目繁多,每一种定义都有其产生的既定历史背景和特定的思想基础,但也都有着自身的历史局限性。这启示我们,文学的本质问题并不是只有唯一的答案,它自身也处于不断演进的过程中。

为了更好地理解创意本位的文学本质观的特点,我们首先看一下历史上较为经典的几个文学本质的定义。纵观文学史,按照艾布拉姆斯的观点,其中较为典型的且具有代表性的主要是模仿论(mimetic theories)、实用论(pragmatic theories)、表现论(expressive theories)、客观论(objective theories)这四种定义。这四种定义都曾经在文学史上产生过重大的、长时间的影响。而美国写作教育研究学者伯林则把相应的文学观念分为客观的(objective)、主观的(subjective)和交互的(transactional),对应的写作理念分别是模仿论(mimetic)、表现论(expressive)和实用论(pragmatic)②。

---

① 彼得·威德森.现代西方文学观念简史[M].钱竞,张欣,译.北京:北京大学出版社,2006:2.
② WINTEROWD R W. *The English Department: A Personal and Institutional History* [M]. Carbondale: Southern Illinois University Press, 1998:5.

模仿论的文学本质观是文艺思想史上较早成形的文学观,其主要的观点是认为文学本质上是对万事万物的模仿,在哲学思维上具有明显的反映论色彩,一定程度上也可以将模仿论看作反映论的文学观,这是人类早期哲学思维决定的。按照艾布拉姆斯的观点,模仿论的文学观可能是人类最原始的一种美学理论,在柏拉图和苏格拉底的对话中,这种观念就已经萌芽。例如,苏格拉底认为绘画、音乐、诗歌和建筑等艺术,都是对世界的模仿。同样,后来的亚里士多德在《诗学》中也把诗歌的本质界定为"模仿"。这种文学本质观的影响一直持续到18世纪①。

模仿论的文学本质观念从亚里士多德时代开始,一直到18世纪浪漫主义文学壮大之前,占有重要的地位。作为文艺思想史上统治人们思想观念最长的一种文学观,模仿论的出现和演进与人类当时的哲学思想、审美情感、文化生产的环境密切相关。这种文学观采取了带有明显机械性的二分法,把文学的本质简化为创作者对外在客观世界的模仿,文学的内部丰富性和复杂性未能包括在内,因此对文学的存在和本质层面的解释有很多牵强之处。

实用论的文学观把文学视为满足人类某种需求的工具和手段,以达到审美层面的愉悦、精神状态的高昂等各种目的。这一文学本质观在贺拉斯的《诗艺》中有较为明确的解读:"诗人的目的或者是使人获益,或者是使人高兴,要不就是把有益的和令人愉快的东西融为一体。"②贺拉斯把诗歌的本质与古典修辞学的实用意义

---

① M.H.艾布拉姆斯.镜与灯:浪漫主义文论及批评传统[M].郦稚牛,张照进,童庆生,译.北京:北京大学出版社,2004.
② 亚里士多德.诗学·诗艺(西方学术经典文库)(英汉对照)[M].郝久新,译.北京:九州出版社,2007.

密切关联,在这里文学是一种手段和工具,主要用途是激起人们的某种情感,从而达到某种目的,比如道德教化、精神熏陶,实现某种文化或社会理想。

实用论的文学观很好地解释了文学在文化、经济生活中的地位,但是对文学超越性的一面却未能给予充分的考量,特别是对于文学创作的主体不够重视,没有将主体的创造性和精神属性纳入其中,在强调文学的客观属性和功用性的同时,没有能够发掘文学的无功利的丰富内涵。

表现论的文学观在文献上可以上溯到英国诗人华兹华斯的《抒情歌谣集》(Lyrical Ballads),该诗集的序言(Preface to Lyrical Ballads)提道:"诗是强烈情感的自然流露(For all good poetry is the spontaneous overflow of powerful feelings.)。"[1]总的来说,表现论的文学本质观,把文学看作创作者激情的产物,是其内在主观情感、思想、精神世界的展现,而不再是对外在世界的模仿。

在表现论的文学观念中,早期模仿论的色彩已经基本消除了,走向了另外一个截然不同的方向。表现论从主体情感、思想和精神的表现出发,在逻辑上必然会走向对外在客观世界不同程度的否定,转而强调内在的主观力量。外在真实以及是否符合经验已经不再是要点,它注重的是对内在精神意志的直接表现,经验论和反映论的色彩已经基本褪尽,文学不再是外在的反映、模仿,也不再是经验的升华,而是创作者的主观精神、生命力量的表现。

对于表现论的文学观的历史起点和演进过程,学界有不同的说

---

[1] WORDSWORTH W. *The Complete Poetical Works of William Wordsworth* [M]. Philadelphia: TROUTMAN & HAYES, 1851: 662.

法。有的认为古代社会就存在表现论的观点,强调内在情感的表达;有的则认为作为严格的文学观念的表现论是一种现代思想形态,克罗齐、科林伍德等人的表现论美学思想是其根基。而20世纪影响较大的表现主义则又与此有很大不同,它在艺术自足性的基础上,把文学看作纯粹直觉的"表现",外在真实被否定,只有内在主观精神世界才是真实的。显然,表现主义文学观这种强烈的反本质主义色彩,拆解了文学创作中外在世界的真实性、合法性,有失偏颇。

还有一种观念把文学作为一个自足的意义世界来看待,这种观念以20世纪的新批评理论最有代表性。在新批评的重要成员兰塞姆的"本体论批评"中,他把文学作品看作可以远离外在经验、文化和历史而独立存在的自足体。文学的研究和批评可以把外在的历史、主观等因素全部剥离,只作为文本的客体而存在。至此,文学的本质观已经基本剔除了反映论、主观论和心理主义等色彩,走向了空前的自足化、客观化。

英美新批评所持的文学本质观,其优点和缺点同样明显,无须赘言。文学研究的内部、外部,作者主体和文本世界、外部世界、读者世界在这里都被切断了,其本体研究尽管影响非常大,成为文学批评史重要的方法和流派,但其观点也只是对文学存在和本质问题的局部揭示,并没有能够为我们提供一种文学观的"真理"。

当然,就整个文艺思想发展的历史而言,对文学的本质所下的定义远不止上述几种,比如,20世纪建立在符号学、语言学、现象学、结构主义等哲学思想基础上的文学观念,以及新历史主义的文学本质观和后现代的文学本质观,都是不同哲学思想影响下产生的新的文学观。特别是在现象学哲学的影响下,波兰学者罗曼·英伽登(Roman Ingarden)在《文学的艺术作品》与《对文学的艺术作品的认识》(The Cognition of the Literary Work of Art)中对艺术本体论问题进行了研究,提出的作为"纯粹意向性客体"(the purely intentional object)的作品的层次性的存在结构①,从文学作品的本体存在层面对文学的本质进行了追问。借助现象学的哲学方法,英伽登对艺术作品的存在方式和形式结构进行了新的批判,针对把文学看作某种纯客观的物理结构的观点,以及把文学看作某种心理活动的产物的观点,提出了文学的艺术作品有四个层次,即语音层次、语义层次、客体层次以及图式化外围层次。

英伽登以现象学为方法的文学本体研究,把艺术作品看作一个有机的、动态的层次化结构,并且把读者阅读体验也纳入文学作品的本质研究范围,这对我们思考当下文学产业化语境中的创意本位文学观具有重要的启示。特别是文学产业化以及文学创意向文化生产要素转化的物质化、产品化过程中,这种把文学作品存在方式和形式结构视为有机体并且相互影响的观念,对我们尝试阐释新的文学本质观具有启发意义。

20世纪受到英伽登影响的一位重要的学者韦勒克,在他与沃伦合著的《文学理论》(Theory of Literature)一书中,对文学本体和本质问题也给予了关注。他们认为,在开始文学作品的本质问题的追问之前,"我们必须先提出一个极为困难的认识论上的问题,那就是'文学作品的存在方式'或者'本体论的地位'问题"②。文学本体论研究首要的是对文学的本质进行说明,尤其是关于文学作

---

① INGARDEN R. The Cognition of the Literary Work of Art [M]. Evanston: Northwestern University Press, 1973: 30.
② 韦勒克,沃伦.文学理论[M].刘象愚,邢培明,陈圣生,译.北京:生活·读书·新知三联书店,1984: 48.

品的存在方式问题,可谓文学本质观研究的根本,这是一种类似于建构主义的研究思路,从侧面也说明对文学本质给出唯一的定义是很难的。

文学本体论经历了多次转向,关于文学本体的问题也就自然从古典时期的存在论向近现代的文学本质观过渡。关于文学本体论的转向问题,正如学者王岳川指出的,本体论转向的意义在于:由传统实在的自然绝对本体论转向人类生命本体——感性生命本体(即由客观世界转向人的生命世界);由恒定不变的存在(自然、上帝)转向人的感性生成(过程、时间);由无时间的大全转向时空之中的过程;由客体论(必然)转向主体论(自由)。而艺术本体论转型过程大致有:注重模仿的古典本体论,强调表现的浪漫本体论,坚持形式的语言本体论,张扬文化的批判本体论,认同价值的精神生态本体论①。不同时期的文学本体论研究,为我们呈现的是特定时代的文学本质观,这些观念的孕育与提出和当时的文化形态是相关联的。

创意写作在发展的过程中,随着以创意为核心的创作理念的不断成熟,产生了一种新的但却被忽略的文学本质观念:创意本位文学观。这种创意本位文学观与前述的诸种观念,都有其具体的生成语境,它是创意写作学科不断发展的必然产物。前述所论及的几种文学观念,具有相当的典型性和代表性,因此本书将其作为与创意本位的文学本质观作比较的对象,希望通过对这些典型的文学本质观的比较,更为清晰地呈现创意本位文学观的特点。

---

① 王岳川.文艺本体论的危机与希望[J].浙江大学学报(人文社会科学版),2007,37(5):12-15.

三、创意本位文学观

　　对于文学存在和本质的研究,是一个历史的、动态的过程,每一个时期都有相对于当时社会文化思想来说"合理"的定义。我们认为,这些文艺思想史上存在的典型定义,在不同阶段、不同层面、不同维度分别揭示了文学的本质,每一种观念对后来新的文学观的提出,都有着承前启后的作用。而且,随着社会文化的不断发展,新的文化创造也呼唤新的文学观念的建设,这种观念既是对当前文学发展的呼应,也是对过去的定义不能兼容新的文化现象的回应。

　　在当代文学产业化的境遇中,一方面文学自身存在的价值和意义遭到了质疑,另一方面文学作为文化产业创意源头,两者之间的关系也没有得到充分的研究。在这一背景下,文学原创似乎成为一个矛盾体,它充当了文化产业的创意引擎,又被各种文化娱乐产业冲击,甚至在高等教育体系内,文学教育的课程已经被边缘化。从创意写作学的角度重新定义文学的本质,则可以看作对这一现象的回应。

　　考虑到这一困境,我们再看看英国学者雷蒙·威廉斯的相关观点,思路就会明朗很多。

　　威廉斯认为,creative 在现代英文里,有一个普遍的意涵——"原创的"(original)、"创新的"(innovating)——以及一个相关的意涵——"生产的"(productive)。它也被用来区别某些种类的作品,例如：creative writing(创意写作)，creative arts(创意艺术)①。威廉斯的这一观点，对于认识文学本质中多维的复杂的内涵具有重要意义。威廉斯的文化唯物主义思想把文化的原创性、创新性与社会文化的生产属性结合起来，既有对文化本质的动态观察，也有对其存在结构和形式的考量，为我们勾勒出了文化原创、文化创新和文化生产之间的多元一体化的关系，这对我们建立涵盖文学原创、文化创意和更大层面的文化创新之间的创意本位文学观具有重要的启发意义。

与模仿论、实用论、表现论、表现主义、客观论、现象学的文学本质观相比，创意本位文学观的提出同样有着自身的具体历史语境，即21世纪不断涌现的文学产业化、文化创意产业现象。历史上没有任何一个时代，其文学的产业化能够达到今天的这种程度。文学原创不断转化为文化产业的生产要素，文学生产和文化产业链紧密结合，文学原创和文化消费互为一体又相互制约，这些新的文化、经济现象需要我们在理解文学观念时融入新的语境。因此，与前述文学本质观相比，创意本位文学观兼顾了文学作品的文化属性、经济属性和社会属性，既考虑了创作过程等内部规律，也考量了外部的传播、接受等文化生产和消费问题，可以很好地把文学原创与产业层面的文化创造衔接起来，与既有的文学本质观互相兼容、互相启发。

在英美文化产业发达国家，以及中国等许多国家，在当前的文化产业链上，文学写作是其重要的组成部分。文学借助数字化的

---

① 雷蒙·威廉斯.关键词：文化与社会的词汇[M].刘建基，译.北京：生活·读书·新知三联书店，2005：92.

技术,开始大规模的产业化发展,特别是立足文学原创、通过知识产权运作而展开的文学产业化发展,是当前文学研究和写作无法忽略的现实。在文学的产业化发展过程中,既有的文学批评和文学观念不能很好地解释这一现象。对于当前写作中的很多现象,模仿论和实用论,或者表现论和客观论等文学观,其效用都在慢慢降低,适用性也遭到了挑战。为了解释文学的产业化问题、文学创作与文化产业发展的关系问题,需要寻求一种新的文学观念来完成这个任务,对文学的构成、形式、存在等本体问题进行新的解释。

在这种情况下,创意本位文学观可以为我们提供解释和研究当前文学现象、文化产业化与文学原创关系的依据。

创意本位文学观的实质,是把文学写作视为创造性的文化创意活动,这是创意本位文学观提出的重要前提。在这个观察视野里,文学的本质是一种创意活动,从创意写作学的角度审视既有的文学观念,其最大的不同就在于确立一种创意本位文学观,把文学创作看作创意活动。葛红兵为我们提供了一个合理的理论设想,即把文学创作看作创意的第一个步骤,称为"一度创意"。文学创意还不能直接作为文化产业需要的生产要素来使用,所以还需要进行二次转化,即"二度创意"。当我们把文学创意看作一度创意,把文学的产业化看作二度创意,贯穿其中的是"创意"在跨产业链、跨媒介地流动。它从作品的创意要素变成文化产业的生产要素,在文化生产的过程中扮演了重要的角色,这就是葛红兵提出的创意本位文学观的主要内容[①]。在这个观点中,文学作品被看作创意

[①] 葛红兵,高尔雅,徐毅成.从创意写作学角度重新定义文学的本质:文学的创意本质论及其产业化问题[J].当代文坛,2016(4):12-18.

的客体形态,将文学活动看作创造性行为,文学作品本体的创意与创作者的创意能力既有交叉,又有区别。

以创意为核心要素,确立这一要素的跨产业链、跨媒介的流动和转化,这个视点充分考虑了文学存在形式和本质的动态性。正如学者朱立元所指出的:"文学既不单纯存在于作家那儿,也不单纯存在于作品中,还不单纯存在于读者那儿。文学是作为一种活动而存在的,存在于创作活动到阅读活动的全过程,存在于作家—作品—读者这个动态流程之中。这三个环节过程的全部活动过程,就是文学的存在方式。"①从本体论的角度对当前文学产业化发展的现象加以观察,我们不难发现,存在于作家(原创)—作品(创造性转化)—读者(文化消费)这几个环节中并不断转化的就是创意。

当代创意写作的课堂教学,首先关注的就是作为文化生产者的原创作家的创意能力训练和培养,工坊课程则是围绕创意向物质形态的产品转化的过程,把创作者的创意通过艺术创作方法转化为文化产业中的具体产品,包括剧本、广告等。当这些产品生产完成之后,消费者所受用的最重要的价值即是创意。在这个生产过程中,作者的创意就是作品存在的前提,作者的创作活动是一项创意活动。

正是在这一层面上,葛红兵提出的创意本位文学观,在命题上属于文学本质观,涉及对文学本质的理解。参照葛红兵的观点:"创意写作重新认识了文学的本质,这和客观反映论、主观表现论的文学本质观比,可以将文学内部和外部研究直接打通,将文学的

---

① 朱立元.接受美学导论[M].合肥:安徽教育出版社,2004:140.

本质放在创意产业链上来研究……"这正是创意本位文学观带给我们的新思维①。与客观论相比,创意本位文学观并没有把文学作为自足的独立系统,而是综合考虑生产者、作品、接受者、传播者、客观世界五种要素在内的文化生产过程。从创意的本位理解文学作品的"创意",立足于创意的发现、转化、流转,能够把前述几个参与者和环节贯穿起来,尤其是解释了文学创意与文化创意之间的逻辑关系。

首先,创意本位文学观的提出有一个重要前提,即创意写作学科发展的历史中,出现了以"创意"为文学作品本质的新的文学观念。从创意写作的出现开始,它最重视的就是"创意",它把创意作为自身独立性、合法性的根本所在。与传统写作教育习惯把文学看作道德教化或纯粹商业性的实用工具不同,它从个体的自我表达和创造能力出发,认为创意才是文学原创的核心问题,其课程设置、作家工坊教学机制都是围绕作者的"创意"激发而进行的。特别是二战之后,新媒介传播技术和写作类型的涌现,使得写作活动对"创意"的强调更为突出。

显然,创意写作的创意本位文学观,与模仿论、实用论、表现论和客观论等文学本质论相比,有自身鲜明的四个特点:第一,把创意作为文学创造的根本,写作成为一种创意活动,可以在跨艺术领域内对作品的创作作针对性的解释;第二,创意本位文学观能够很好地说明文学生产与文化产业创意的跨领域、跨空间流通,对文学艺术原创价值的产生、加工和转移有了进一步的描绘;第三,创意

---

① 葛红兵,高尔雅,徐毅成.从创意写作学角度重新定义文学的本质:文学的创意本质论及其产业化问题[J].当代文坛,2016(4):13.

本位文学观对文学原创与文化创新之间的关系也进行了阐发;第四,创意本位文学观对文学原创与文学教育的理念也可以给出相对合适的阐发。

其次,创意本位文学观是基于当前文学产业化、文化产业发展对文化创意的需求而提出的。既有的模仿论、实用论和表现论等文学观,很难再用于解释或批评当前的文学、文化发展的一系列现实问题。特别是在文化产业发展成为社会经济的重要组成部分的情况下,文学的产业化已经成为普遍的事实,既有的文学本质观不能很好地解释文学原创与文学产业化的转化的学理问题。对于文化产业来说,文学原创既是产业构成中的一部分,也是产业发展所需的创意要素的重要来源。正如葛红兵指出:"对于文学的本质问题,每个时代都应该给出自己的回答,如果我们能跳开反映论单一视野,从创意本体论角度来看待文学,我们将能为认识这个时代的文学创作及其产业化问题打开更加便捷的大门。"[1]从这个角度来说,创意本位文学观的提出有其明确的现实基础和文化语境。

最后,创意本位文学观的提出,对于当前文学产业化的发展,文化创意产业进行文化生产时所需的"创意"资源,文学教育与文化创新挂钩等问题都具有重要意义。创意写作庞大的学科体系,是在美国高等教育的不断发展过程中逐步建立起来的,其最初的学科目标和高等教育改革的理念也有一个不断碰撞、调整和适应的过程。因此,创意写作的学科理念也就不可能完全孤立在教育改革的框架之外,一定程度上它正是特定高等教育改革的产物。

---

[1] 葛红兵,高尔雅,徐毅成.从创意写作学角度重新定义文学的本质:文学的创意本质论及其产业化问题[J].当代文坛,2016(4):12.

正是由于这一过程，文学教育获得了新的成长空间，与社会的文化、经济发展保持同步，创意写作与文化原创、文化产业紧密结合，为我们展现了文学教育和文化创新两个系统之间的联姻图景。

综上，我们对创意本位文学观可以有这样一种整体认识：创意本位文学观的提出与创意写作百余年的发展历史密切相关，这并不是偶然出现的。创意写作在发展过程中逐步确立了"创意"为本位的文学观念，把"创意"视为文学的第一规约，其工坊教学和创作训练都围绕着创意能力的培养和激发进行，创意和原创文本的生产成为该学科的核心，由此就构成了创意写作的存在基础。创意本位文学观的提出，建立在对创意写作学科百余年的实践考察之上，它既是学科以创意为根本的演进产物，也是文学教育和高等教育改革的综合产物。20世纪的进步主义教育运动、二战后的大学扩张以及最近几十年文化创意产业的发展，都是创意本位文学观孕育的重要历史契机。

中篇
创意写作发生发展论

  纵观1880年以来美国创意写作的发展史,课程改革是创意写作萌芽的前提,进步主义教育运动为创意写作在19世纪末20世纪初的兴起提供了历史机遇,战后美国文学的发展构成了创意写作在20世纪壮大的基础,而贯穿整个20世纪的高等教育改革和创新、21世纪的文化创意产业,则为创意写作的演进注入了源源不断的活力。在这个过程中,创意写作不断地调整自身的定位与发展方向,如今形成了包括几十个学位方向、遍布众多国家千余所院校的庞大体系。

我们已经讨论了创意写作的发端问题,学者们或者把"创意写作"这一概念的起源上溯至 1837 年爱默生的《论美国学者》(迈尔斯、芬扎),或者上溯至英国浪漫主义时期诗人华兹华斯作品中的"创造性艺术"(creative art)一词(保罗·道森)①。那么,具体到创意写作学科最早出现的美国,在 19 世纪后期,创意写作到底是在什么样的情况下出现的?产生于何时何地?这种高度强调主体创意能力的写作课程,在出现之后又是如何迅速发展,如何在高等教育体系内确立自身的合法性的?

---

① DAWSON P. *Creative Writing and the New Humanities*[M]. London:Routledge, 2005:34.

一、创意写作的历史起点

由于创意写作的发生背景较为复杂,本章主要从课程改革、英语文学以及教育创新的角度出发,将创意写作领域常见的问题置于具体语境,从历时的角度考察创意写作的发端、演进和扩张,以此寻找并建立起对创意写作的整体认识。

首先,本章把19世纪后期美国高等院校的课程改革作为理解创意写作的切入点;其次,把英语文学的发展作为创意写作的着眼点;最后,在教育创新的层面探讨创意写作理念的变化和发展。这样就可以相对清晰地理解创意写作系统逐步确立的背景、动力、焦点问题与可能性,厘清发展逻辑,对创意写作的基本内涵和外延有整体性的把握,从中把握创意写作如何从最初的形态发展为现在的机制或形态。

19世纪后期美国高等教育体系内普遍存在的课程改革是创意写作出现的宏观历史背景,它是在古典语文学课程开始衰落,在注重文学创作与实践的课程涌现的情况下孕育出来的;而写作与文学在寻求自身的独立发展的过程中,英语系的建立、英语文学的发展,则又为创意写作学科的发展提供了历史机遇;创意写作学科的发展,同样又是整个英语文学发展的重要组成。如果从美国19世纪后期以来的教育发展历程加以观察,不难发现,无论是课程改革还是英语文学系的确立和专业化发展,其背后都与教育的不断革新密切相关,创意写作正是在美国19世纪末20世纪初教育现代化过程中确立起来的,它又与19世纪早期的教育改革关系密切,这几组因素相互作用,共同构成了创意写作发展的历史图景。

从课程改革的角度理解创意写作的产生,主要涉及19世纪后期美国高等教育院校中英语写作和古典语文学课程的关系;在考虑创意写作与英语文学的关系时,开始向20世纪初高等教育院校中的英文写作转移,紧接着便是20世纪30年代美国爱荷华大学在高等院校内创建了创意写作艺术硕士学位。此后,经过80余年的发展,现在已经拥有的从本科、硕士到博士阶段比较完整的学科建制,对美国20世纪的文学教育、高等教育、创意产业的发展都有着无可替代的作用。

深入认识创意写作的内涵时,我们会发现这几组关系和不同阶段所带来的不同的理解,都是内在地紧密互联的。对于创意写作领域常见的问题、争论,如果脱离这些关系,就会缺少重要的理解维度,陷入解不开的争执之中。

整体上,我们可以把课程改革作为认识创意写作的微观角度,把英语文学发展作为把握创意写作的宏观方式,把教育创新作为理解创意写作的综合视角。微观视角为我们提供理解创意写作发端的线索,宏观视角为我们打开领会创意写作演进的窗口,综合视角则可以启发我们从教育理念的高度认识创意写作。

上述几个着眼点和创意写作的运行机制,构成了对创意写作相对完整的认识。比如,我们在理解创意写作的重要教学实践形式——作家工坊的时候,如果仅在课堂教育或文学经验的层面去认识它,就可能忽略创意产业与工坊创新机制之间的关联。我们可能了解工坊的教学宗旨,但是对工坊本身的精神与教学理念,以及它与创意实践的内在关系,则可能很难深入。作家工坊,并非我们表面看到的让作家们围着圆桌上写作课那样简单;而在讨论"创意写作是否可以教"这个问题的背后,如果把问题限制于写作的构思论与创作心理说,则会忽略创意写作本身就是现代文学教育改革与创新的产物,它的最初目标就是为了解决文学的学术研究与实践脱节的问题。

总而言之,如果不能有效地建立起对创意写作学科、机制、系统的整体性理解,而仅仅了解创意写作相关的概念、命题、争论,很可能是有认识盲区的,或者说是不完整的。而从课程改革、英语文学与教育创新出发,对创意写作这一概念进行纵向的历史对比和交叉分析,我们则可以相对清楚地看到这一概念产生的时代背景、大学教育、语言与人文教育、社会改革与创新背后的各种内在联系,在理解创意写作基本定义的基础上,可以更好地帮助我们认识创意写作的存在与发展,认识创意写作这一系统是如何生成的。这有助于我们从各种对创意写作纷繁复杂的定义和解释中,迅速地理出头绪,建立对创意写作的基本理解。

(一)课程改革:创意写作的开端

创意写作从哪里来?产生于什么时间?回应这些问题就需要回到19世纪后期美国高等教育课程改革现场。从课程改革的角度探讨创意写作的起源,是理解创意写作最重要、最直接的微观视角。当我们提到创意写作的时候,最常遇到的问题就是它讲授什么样的内容,这个课程是怎样设置和形成的,理解课程内容的发端、演进,才能更好地把握它的学科本质。

"课程"(curriculum)不仅是创意写作教育中最核心的构成,而且是展示相关学科特征、本质的关键,它是整个学科的基础支撑力量。创意写作首先以课程的形式出现在美国高等教育体系中,进而发展出相关的写作项目、科系、学位,从课程发展及其冲突、碰撞的角度理解创意写作的本质、课程定位乃至学科定位,是探讨创意写作演进及其本质的关键。

创意写作源于19世纪后期的美国,如今在英国、澳大利亚、加拿大、新西兰、以色列、韩国、日本等多个国家、地区已开设创意写作课程或提供相关的学位教育,这是一个全球化的现象。在现代高等院校内谈论创意写作的发展,首要的问题即是如何设置创意写作课程,这些课程的内容具体是怎样的,而这正是探究创意写作历史开端时无法回避的问题。

从课程发展的角度探讨"创意写作从何而来",可以帮助我们建立起对创意写作在不同年代的具体际遇的理解。从课程发展角度对创意写作课程作探讨,重点在于通过对"创意写作从何而来"这一问题的系统梳理和分析,据实思考"创意写作的发展可能和未来"。创意写作经过百余年的发展,如今已拥有数量庞大的子分类,美国、英国等国家或地区的众多高等院校都开设有创意写作课程,不同国家和地区的创意写作的发展情况又有各自的特性。再加上创意写作与现代创意产业、新媒体技术关联,回答"创意写作从何而来"这一问题需要建立在对创意写作更为系统的理解之上。作为贯穿百余年的既古老又新鲜的命题,仅作简单描述,已经无法有效地清晰地概括它的存在和价值。只有当关于创意写作的解释和争论落实在课程层面,我们才能在创意写作动态的发展中理解它的存在特征和可能性,才能客观地回答"什么是创意写作"以及"它到底从何而来"。

回到19世纪后期,1860年,按照学者约翰·布里尔顿(John Brereton)的考察,当时大多数的院校里没有写作或英语文学课程①。布里尔顿把哈佛大学之后的英语写作的实验看作一种与古典修辞学教学不同的现代写作(modern composition)。由于其特有的对学员创造性能力的重视,这种写作教育开始受到学生和多所高校的欢迎。在哈佛大学英语写作教学之后,众多院校开始追随哈佛的这种模式。到了1900年,几乎所有的院校都设置了写作和英语文学课程,这个过程可以看作布里尔顿所说的"现代写作"的兴起。

迈尔斯也将研究视角锁定在哈佛大学英语写作课,他明确将创意写作的源头上溯到19世纪80年代哈佛大学英语写作教学课程改革与实验。1880年,温德尔进入哈佛大学英语系任职,温德尔的高级写作课由于注重文学写作自身的独立性,以写作本身的名义设立课程,迈尔斯将之称为创意写作的前身,认为这是创意写作在美国真正的开端。然而,哈佛大学的英语写作课程获得自身的独立性并非易事,从1869年查尔斯·艾略特担任哈佛大学校长,并在1872年任命了哈佛第一个全职的英语写作教员,再到1880年温德尔接受亚当斯·谢尔曼·希尔(Adams Sherman Hill)的邀请开始讲授写作课程,前后用去了十年,这十年正是当时美国高等院校内课程改革的关键时期,具体到英语系内,英语写作如何逐步摆脱古典修辞学的影响,确立英语文学和写作的独立身份,明确自身的独立价值,正是这一改革背后的主旋律。

---

① BRERETON J. *The Origins of Composition Studies in the American College, 1875 - 1925*[M]. Pittsburgh: University of Pittsburgh Press, 1996: 5.

与迈尔斯的考察相互补充,布里尔顿对哈佛大学在1875—1900年间英语写作课程教育的成功非常推崇,他认为在1900年之前,没有一个院校像哈佛大学那样,仅凭借写作教育,为自己赢得全国性的声誉①。布里尔顿还研究了1895—1915年间美国大学写作课程的特点,布里尔顿把这段时间的写作课程称为"新写作课程"(new writing curriculum),这种课程是受到哈佛大学此前的英语写作课程的影响而陆续建立起来的。特别是在1900—1915年间,传统的修辞学在继续走下坡路,但是哥伦比亚大学、威斯康星大学、康奈尔大学的写作课程却迅速发展,其中今天为人们所熟知的爱荷华大学正是在1897年开设了诗篇写作课程,注重作品原创,且采用接近作家工坊实践中的小组讨论模式授课。

　　因此,综合布里尔顿和迈尔斯的考察,创意写作正式兴起的时间,可以确定在1870—1915年间。如果再精确一点,我们则可以采纳迈尔斯的考证,1880年哈佛大学温德尔的英语写作课的开设是现代创意写作的历史起点。

　　那么创意写作到底是怎样出现的呢?

　　创意写作最初以英语写作课程的身份出现在哈佛大学,其本身可以看作19世纪末美国高等院校课程改革的产物。在哈佛大学,温德尔等人的课程,一方面既是对既有修辞学课程的抗争与回应,另一方面也是英语写作确立其自身独立价值的尝试,这个过程恰恰又处于美国19世纪末期高等教育的迅速扩张期,新的写作课程出现,旧的语文学课程出现分化,它们整体上又都是英语系的确

---

① BRERETON J. *The Origins of Composition Studies in the American College*, 1875-1925[M]. Pittsburgh: University of Pittsburgh Press, 1996: 132.

立和演进的一部分,这一过程充满了各种矛盾和张力。正如美国学者弗雷德里克·鲁道夫(Frederick Rudolph)在《课程:1636年以来的美国本科课程研究》(*Curriculum A History of the American Undergraduate Course of Study Since 1636*)的前言中所指出的:"我们必须认识到,自从1636年哈佛学院成立,学院的课程就不断地经常地受到来自学院内外的压力、冲突和牵扯的影响。"① 在创意写作孕育之初的19世纪末,作为以英语书写为主要形式的写作教育,自然不能避免英语及其教育发展过程中的各种压力、冲突,找到这些压力的来源,发现冲突点何在,是理解创意写作从何处来、到何处去的根本着眼点。

从课程发展的角度,创意写作所使用的是现代英语,在19世纪,与语言教育直接相关的学科正是语文学(philology)和修辞学(rhetoric),因此谈论创意写作课程的产生不能脱离这个大背景。创意写作与语文学、修辞学的各种碰撞与冲突是理解创意写作课程如何形成的关键。

在语文学课程与新的写作课程不断碰撞的过程中,现代创意写作步步为营,一点点地确立自己的地位。在19世纪的最后30年,即美国高等教育现代化阶段,借助课程改革的力量,它才最终明确了自身存在的合法性,在高等教育体系中占有一席之地,一直到"20世纪20年代,它首次以自己的名义开设课程"②。在这一阶段,创意写作正是在语文学、修辞学强势地位衰落过程中产生的全

---

① RUDOLPH F. *Curriculum: A History of the American Undergraduate Course of Study Since 1636*[M]. San Francisco: Jossey-Bass, 1993: Ⅸ.
② MYERS D G. *The Elephants Teach: Creative Writing Since 1880*[M]. Chicago: University of Chicago Press, 2006: 101.

新学科。

朱莉·特塞·安德森(Julie Tetel Andresen)在《美国语言学批评史 1769—1924》(*Linguistics In America 1769 - 1924: A Critical History*)一书中把 1875—1900 年这段时间称为分化发展时期,语言学向英语研究(English studies)、语言科学(linguistic science)等方向分化发展①。安德森指出,在 19 世纪"修辞学一直是大多数欧美国家正规教育的核心课程。在那些世纪里,修辞学的基本内容就是希腊语和拉丁语的语法,古典文学和历史、逻辑以及练习写作和演讲"②。《剑桥美国文学史》的编者萨克文·伯克维奇(Sacven Bercovitch)也提到了这一点,当时"要打算进入大学学习的话,需要具有阅读希腊语和拉丁语的能力,除此之外,在大学前两年的学习中,学生的很多时间都被用在语言方面的练习上了"③。显然,创意写作作为课程,要想在迅速扩张的高等教育体系内获得一席之地,首先就要面对既有的希腊语、拉丁语等古典与文学教育课程的压力。换句话说,创意写作的发端首先就要冲出 19 世纪以修辞学为核心的课程体系的包围,建立以现代英语写作为核心的课程体系,这一切都是从微观层面的课程改革开始,逐渐完成的。

英语写作冲出古典修辞课程的包围,是一个漫长的过程,直到 19 世纪末期,才有实质性的突破。1895 年,威廉姆·佩内(William Morton Payne)出版的《美国大学里的英语》(*English in American*

---

① ANDRESEN J T. *Linguistics in America 1769 - 1924: A Critical History* [M]. London: Routledge, 2006.

② 参见祁寿华.西方写作理论、教学与实践[M].上海:上海外语教育出版社,2000: 4 - 5.

③ BERCOVITCH S. *The Cambridge History of American Literature*, Volume 4[M]. Cambridge: Cambridge University Press, 2004: 17.

Universities)一书,提供了佐证:"在耶鲁学院,英语只有一个语言学课程,而且只有十个本科生和几个研究生在学习。这预示着英语语言学在学院中已经不再占有稳固地位。"①随着希腊语和拉丁语课程逐渐减少,英语课程开始出现,替代既有的这些古典语言课程。但是,英语课程的发展本身并不那么顺利。在语言教育与文学教育分离的大趋势下,写作和文学要取得新的地位,还要面对来自英语语言课程的压力,其发展可谓一波三折。

应该注意的是,这一矛盾和抗争并不是简单的此消彼长,它们之间也存在不可忽略的相互影响。比朱莉·特塞·安德森的研究更进一步的是,纽约大学英语教授 Haruko Momma 的著作《从语言学到英语研究:19世纪的语言与文化》(*From Philology to English Studies: Language and Culture in the Nineteenth*)从语言和文化的角度对这一转变过程进行了研究,论及语言学和语法关系时,他说:"在那时候,不仅语言学方法是新的,而且它也为现代语言和文学的发展做出了贡献。"② Haruko Momma 指出了语言学、修辞学对现代语言和文学的贡献,由此英语语言和文学在语文学和修辞学的强大传统中得以孕育和发展。诚然,19世纪修辞学在高等教育体系的核心地位对创意写作并不全是坏事,如果没有19世纪的修辞学教育奠定的一系列规范,20世纪创意写作所主张的更高级的写作技能就缺少相应的基础,从这个角度来看,19世纪修辞学的核心地位并不是英语写作的对立面,也不是创意写作的敌人,把它看作现代创

---

① PAYNE W M. *English in American Universities* [M]. Lexington: DC Heath & Company, 1895.
② MOMMA H. *From Philology to English Studies: Language and Culture in the Nineteenth Century* [M]. Cambridge: Cambridge University Press, 2012: 14.

意写作的亲属也许更为合适。正如埃里克·斯密特伯格(Erik Smitterberg)在《整合过程：19世纪英语的进步》(*The Progressive in 19th-century English: A Process of Integration*)中指出的："19世纪对现代英语中许多类型的文本形式的形成都有着关键性的作用,比如学术和报纸的语言。"[1]如果我们从整个英语研究的发展角度观察,就会发现语文学与创意写作课程的兴起,并非绝对的对立关系。

不过,随着现代高等教育机制的不断发展,古典课程不可避免地会受到越来越多的压力。19世纪在课程中占据核心地位的修辞学,在19世纪末和20世纪初美国高等教育的快速发展中,至少面临两个主要的压力：高等教育的专业化和快速扩张,现代学科的应用性问题。修辞学的衰落既有其学科内部原因,也有外部社会环境变化带来的不确定因素,在双重压力下,修辞学开始衰落。这一景象,就像学者祁寿华所指出的那样："20世纪初,修辞学似乎处于一种萧条的状态,作为一门学科,它在大学里不再占有显著的地位。"[2]20世纪初,距离哈佛大学的英语写作课程改革,已经有二十余年的时间,正是在这个过程中,新兴的写作课程逐步确立了自身的地位。

修辞学的衰落同时伴随着课程分化,这是英语写作兴起的重要前提。修辞学课程中关于语言的应用和语法训练的内容,都是读写教育的基础,而19世纪末和20世纪初注重以自我表达为核心的教育理念的注入,使得写作课程的分量和比重逐步增加,这是读写教育向创意写作转变的关键因素。

---

[1] SMITTERBER E. *The Progressive in 19th-century English: A Process of Integration*[M]. Amsterdam: Rodop, 2005：1.
[2] 祁寿华.西方写作理论、教学与实践[M].上海：上海外语教育出版社,2000：28.

语文学课程的衰落和英语写作的出现，背后与美国当时的课程改革、教育思想、社会经济发展关系密切，这段时间跨越了美国现代教育开始和进步主义教育改革这两个关键时期。修辞学在18世纪末的辉煌，19世纪中后期语文学的分化、高等教育的飞速发展、社会经济生活的剧变，构成了理解创意写作在19世纪末开始孕育的宏观背景。创意写作作为实践或研究，都可以从这些线索中获得丰富的养分。

当把上述问题置于创意写作学科创生的本土视野之下，我们可以看到创意写作的发展与本土语言、文学资源、历史之间有更为丰富的关联。从前述的观点，我们可以看出19世纪的修辞学与西方古典文学、现代英语语言文学的文体、书写规范都关系密切；当时的英语写作课程在全国并没有正式建立起来，文学写作的地位在以语言学、拉丁语为主要内容的课程体系里并不显眼，而我们遇到的很多关于创意写作的话题，如工坊教学如何处理语言技巧的训练等，都会追溯到创意写作的创生。这正是我们从课程的视角切入这一问题的根本原因，它可以让我们依据创意写作孕育之初的真实社会环境作相对客观的归纳。

与19世纪末修辞学的衰落和分化相对的是英语写作课程的不断涌现，这些课程开始拥有自己的独立身份，开始了专门化的发展，这一变化是我们理解创意写作发端不可缺失的视角。研究西方修辞学的学者胡曙中指出："19世纪末，美国大学的修辞课已成了一年级新生的英语写作课，其重点在于培养学生使用语法和用法、衔接段落及选用话语形式的技能。"[①]这是19世纪末修辞学衰

---

① 胡曙中.西方新修辞学概论[M].湘潭：湘潭大学出版社，2009：399.

落阶段的景象,但并不能忽略修辞学的存在与创意写作的关系。"20世纪初最初的几十年内,有几个较为出名的大学的作文课程开设创造性写作,以此来取代当时盛行的说明文教学模式。然而,大学本科的专业设置却表明,说明文和语法能够帮助学生取得他们的实际目标。"①引文中的"创造性写作"即是创意写作,在20世纪最初的几十年内,或者说在1958年的《美国国防教育法案》(National Defense Education Act)颁布和60年代的自我表达法成为主流之前,修辞学所代表的本土文学、写作资源对美国创意写作学科的发展仍旧是有贡献的,它并非因为创意写作对其理念的反对就简单地被抛弃,只有充分考量文学活动的丰富层次,才能发掘它们内在的事实联系,进而为本土创意写作创生探路。

联系到鲁道夫所说的课程发展的冲突和复杂性,我们对此的理解则会更加明晰,简而言之,这段时间英语的发展耗在了与语文学、修辞学的纠葛之中,直到19世纪末才有了Haruko Momma所说的"文学的发展",即英语课上对文学阅读和写作的重视。其中,英语科目注重从读写能力训练到关于文学的阅读和写作的发展,是英语写作出现的关键。

当我们思考创意写作与传统意义上讲究修辞和语法训练的写作学的关系时,上述问题可以有效地建立起我们对创意写作具体的理解,尤其是在讨论创意写作的特点、过去几十年中的变化时,这是一个非常重要的视域,否则很难整体上理解既有的写作教育与我们所推动的创意写作之间的多元关联。现在我们已经触及创意写作产生的关键的起点:Haruko Momma所说的语言学、修辞

---

① 胡曙中.西方新修辞学概论[M].湘潭:湘潭大学出版社,2009:400.

学对现代语言和文学的贡献,以及19世纪末英语系中,文学的阅读和写作开始受到重视。对文学阅读和写作的重视是当时英语课程的主要立场,考虑到19世纪占据主流地位的修辞学主要讲授古典语言、语法,英语课上刚刚涌现的文学阅读和写作开始具有了爱默生在哈佛大学演讲《论美国学者》时强调的"创意阅读"和"创意写作"的色彩。这也是为什么迈尔斯会说"半个世纪已经过去,爱默生的主张并没有发生"①。它在课程上与修辞学之间有漫长的交锋,等到19世纪末才有了重要的突破。

英语文学课程对阅读、写作的重视也都与其背后的课程思想、课程价值观密切相关。从课程思想、价值观念的变化中寻找"创意"如何进入课堂,如何影响课堂写作教育的技巧、策略、目标,是思考创意写作如何逐步形成现在的学科目标的重要途径。因为课程不仅是创意写作学科创生视野中最基础的着眼点,也是构建整个学科的落实点。

(二) 英语文学:创意写作的拓展

如果说今天中国创意写作的发端和学科创建,主要是中国语言文学系在文学教育发展层面所做出的一种探索和改革,那么从某种程度上可以说创意写作的出现是现代英语文学、英语系发展的产物,它是英语文学整体图景的一部分,而英语系则是创意写作得以持续发展的机制保障,两者在整个20世纪都可谓相得益彰,尽管它们之间经常会产生各种冲突。

---

① MYERS D G. The Elephants Teach: Creative Writing Since 1880[M]. Chicago: University of Chicago Press, 2006: 35.

1964年，艾伦·泰特在谈论理解创意写作和大学教育系统的关系时指出："现在,大学和英语系是文学最大的庇护人。"[①]从创意写作与英语文学的关系出发,寻找理解创意写作基本理论建构的思路,对创意写作发展中的基本理论和实践问题进行探讨可知,它与英语学科的发展、英语语言文学的逐步成熟有关。如前所述,在美国,英语读写课程,尤其是关于文学的读写课程的建立直到19世纪中后期,国家统一后才不断发展、成熟,在高等教育体系迅速扩张发展的现代教育进程中,英语读写才真正替代拉丁语读写教育。当我们思考创意写作与汉语写作的文学传统的相互关系及具体发展策略时,亦可以从类似的切入点开始。

罗伯·波普(Rob Pope)在《英语研究：语言、文学和文化导读》中对英语在美国学院中的变化发展有更为明确的说明："英语第一次成为它自己,是通过对已经建立的修辞学的分离和疏远而实现的。"[②]这里所说的"分离和疏远",是指英语从既有的语文学、修辞学中产生,它与19世纪末美国高等教育学科的发展趋势密切相关,尤其是新学科的创建。在这里,"英语第一次成为它自己",即是指罗伯·E. 波普提到的"19世纪末20世纪初英语开始包含英语文学……"[③]正是在这个迅速分化阶段,英语文学开始了它的新的发展。罗伯特·斯科尔斯(Robert E. Scholes)在《英语的发展与衰落：重构作为学科的英语》(*The Rise and Fall of English: Reconstructing*

---

① TATE A. What Is Creative Writing? [J]. *Wisconsin Studies in Contemporary Literature*, 1964, 5(3): 183.
② POPE R. *The English Studies Book: An Introduction to Language, Literature and Culture*[M]. London: Routledge, 2005: 37.
③ POPE R. *The English Studies Book: An Introduction to Language, Literature and Culture*[M]. London: Routledge, 2005: 30.

English As a Discipline)中也指出了这一点,"英语在19世纪末以及20世纪发展飞快"①。在这里,英语是指高等教育体系内的英语文学。

创意写作课程的出现,正是英语文学借助现代教育机制开始快速发展的体现。

在与19世纪修辞学的对峙与抗争中,英语写作逐步获得了独立的身份,成为英语文学中重要的发展力量。罗伯·波普在《英语和创造力》(*English and Creativity*)一文中指出:"英语这一科目,横跨语言和文学(通常包括文化研究和批评理论),通过不同的方法继续建构它们不同的对象。"②波普指出的英语科目"横跨语言和文学",虽然这是众所周知的事实,但这句话背后隐藏的丰富含义,仍旧值得探寻。如果说创意写作在英语文学发展的过程中"是通过对已经建立的修辞学的分离和疏远而实现的";那么,它本身正是英语文学发展的重要成果,或者说是重要的组成部分。脱离英语文学的视域谈论创意写作的发展与起源,是无稽之谈。

迈尔斯在他的著作《大象的教学:1880年以来的创意写作》中对语言学发展过程中的分化,以及新的英语写作的创立的观察亦有清晰的时间线索可以参照,尤其是迈尔斯指出并考证了"英语写作在此之前被认为是创意写作的先例"③。另一位学者马克·麦克格尔则在他的著作《创意写作的兴起:战后美国文学的"系统时

---

① SCHOLES R E. *The Rise and Fall of English: Reconstructing English as a Discipline* [M]. New Haven: Yale University Press, 1998: 2.
② POPE R. *English and Creativity* [M]//MAYBIN J, SWANN J. *The Routledge Companion to English Language Studies*. London: Routledge, 2009: 132.
③ MYERS D G. *The Elephants Teach: Creative Writing Since 1880* [M]. Chicago: University of Chicago Press, 2006: 40.

代"》(*The Program Era: Postwar Ficiton and The Rise of Creative Writing*)中详尽讨论了美国战后小说与创意写作之间的密切关系。在麦克格尔的视野里,创意写作本身就是战后美国文学的重要组成部分。

波普注重对语言、文学和文化的综合审视,对于创意写作、创造力的理解,他非常重视在英语语言文学的具体脉络里寻找它们的内在关联,以便从复杂的现象中,把握理解创意写作与语言、文学关系的关键点。波普指出:"通过创意写作,英语可以成为以实践为基础(practice-based)的艺术。"①在这里,创意写作和英语文学被放在以实践为基础的艺术层面谈论。"以实践为基础"或"以实践为中心",英语通过创意写作成为一种实践的艺术,说明创意写作与英语文学之间充满张力。

英语文学,尤其是英语写作中的这种"以实践为基础"或"以实践为中心"从何而来,是一个复杂的话题,这里暂不讨论,但可以明确的是这种"以实践为基础"的特质在创意写作领域得以充分表现,并成为创意写作最为突出的特征之一。一如它最初的学科理念——致力于弥补文学理论和实践之间的割裂和空缺,也可以看作英语文学发展本身的需要。关于这一问题,温妮福雷德·B. 霍纳(Winifred B. Horner)在《作文与文学:衔接缺口》(*Composition and Literature: Bridging the Gap*)中就作文和文学中的教学与研究问题展开讨论,"在最重要的大学的语言文学系,文学研究和教学是英语系的重要任务,通过晋升和教学(为教员们)提供研究基金、薪水

---

① POPE R. *English and Creativity*[M]//MAYBIN J, SWANN J. *The Routledge Companion to English Language Studies*. London: Routledge, 2009: 132.

和奖金。但是作文的教学则呈现相反的情况,时常被认为是次要的"①。然而,这种疏离并非只有文学理论或批评才会遇到,在创意写作的学科中,这样的内在矛盾并非偶然。如果脱离英语文学的整体视野,单向地比较创意写作与文学批评研究的形式和特征,则会出现严重的偏颇。

文学研究、创作实践之间的张力,是理论研究与创意写作领域很常见的矛盾,但正是这些问题推动着两者彼此对话、碰撞和向前发展。在这个层面上,以自我所从事的学科为本位出发来指责对方,都会导致促狭的视野,无法看到创意写作与英语文学、文学研究之间复杂而又极其丰富的关系。我们必须立足于创意写作与英语文学、文学研究之间的复杂关系,审视创意写作发展中本身具有的矛盾,由这些矛盾和冲突,思考创意写作发展的可能性。

波普以创意写作在英国高等教育中的飞速发展为例,在《英语文学和创意写作》(*English Literature and Creative Writing*)一文中指出:"就像创意写作在美国的早期发展那样,许多创意写作的课程正在英语系内部出现,偶尔也会出现在创造性的表演艺术的课程中。"②比如兰卡斯特大学开设的英语语言与创意写作(English language and creative writing)和英语文学、创意写作和实践(English literature, creative writing and practice),威斯敏斯特大学、阿伯里斯特威斯大学、东安格利亚大学开设的英语与创意写作(BA English literature with creative writing),而安大略大学等院校

---

① HORNER W B. *Composition and Literature: Bridging the Gap* [M]. Chicago: University of Chicago Press, 1983: 1.
② POPE R. *The English Studies Book: An Introduction to Language, Literature and Culture* [M]. London: Routledge, 2005: 9.

在英语系内将"英语文学与创意写作"作为文学硕士（Master of Arts）的培养方向，其普遍性本身已经说明创意写作是英语系的重要组成部分，它也为英语文学的发展注入了新的力量，比如在研究当代写作的相关作品及其活动时，创意写作可以提供实践意义上的参考价值。不过，这里所述并不能涵盖英语文学与创意写作之间的多元的、丰富的，甚至部分矛盾的关系。

波普注意到了创意写作与文学研究之间的某些紧张和矛盾，他意识到"文学研究和创意写作实践之间的潜在冲突"①。此外，他还进一步阐明了这种"障碍的实质是英语文学牵涉了相当多的文学理论，至少在传统的意义上是这样的，而从事创意写作的人则排斥或者对正在变得理论化的写作实践抱有怀疑"②。显然，创意写作发展的可能性和起源，决定了它不可能脱离它的母体——英语文学而独立发展。对此，伊芙·谢内（Eve Shelnutt）则更为直接地道出了创意写作理论与实践所面临的重大问题："把自己排斥封闭在传统文学课程、教学事务与文学自身的深入鉴赏之外，艺术硕士学员会变成英语系的二等公民。"③谢内进一步指出文学和写作院系可以合作为艺术硕士设计课程的可能性与必要性。显然，创意写作理论与实践的问题，从创意写作与文学的角度切入，是相互影响，相互依存和共生的，有些问题甚至需要以具体的课程评估才能得出结论。波普所思考的创意写作与文学之间复杂的关系，正是

---

① POPE R. *The English Studies Book: An Introduction to Language, Literature and Culture*[M]. London: Routledge, 2005: 10.
② POPE R. *The English Studies Book: An Introduction to Language, Literature and Culture*[M]. London: Routledge, 2005: 10.
③ 参见 Modern Language Association of America. *Profession 2005*[M]. New York: Modern Language Association of America, 2005: 104.

上述问题的体现。

　　创意写作的这种实践性决定了它的发展趋向和运行的特点，而作家工坊的创建正是对创意写作与文学关系的创造性的探索。传统的文学理论在文学创造性方面已经积累了大量的经验，创意写作的实践正是在这些经验上结合了现代社会对创意写作课程目标的影响。没有这个前提，创意写作学科的建立，相关理论和实践问题都很难厘清，无法确定自己的身份，也就很难回答它的学科身份和在高等教育体系里的价值。创意写作如今成为语言文学系的一个重要学科，它和我们熟悉的语言学、文学批评一样，拥有自身独立的地位，但是理解创意写作的理论和实践问题，却不能脱离创意写作与文学的具体联系。虽然不能简单地说创意写作和文学理论是高等院系里现代文学机制的一体两面，但是它们之间密切而丰富的联系，却是事实。

　　创意写作在美国迅速发展，从 1897 年爱荷华大学开设的诗歌创作课程到如今创意写作已经拥有完整的学科建制，今天全美大约有 1 000 个创意写作项目，而作家工坊更是不计其数，研讨会、社区活动也较为活跃和常见。葛红兵说："目前在欧美等发达国家，创意写作已经是有 80 余年历史，包含近 20 个子类，设有本科、硕士、博士研究生培养层次的大学科。创意写作学学科的诞生和发展，改变了欧美战后文学发展的格局，也彻底改变了欧美文学教育教学思想体系，为欧美文化创意产业的兴盛和发展奠定了学科基础。"[1] 要思考创意写作与语言的关系，理解创意写作与文学的关系，没有这两个视野，对创意写作的理解，很难形成整体性的把握，对其内在特性的认识

---

[1] 葛红兵，许道军. 中国创意写作学学科建构论纲[J]. 探索与争鸣，2011(6)：66.

也会流于形式,也就无法有效地探讨创意写作与创意产业、创意经济之间的关系。事实上,可以说作家工坊和艺术硕士学位的建立,正是基于创意写作对文学价值的实践与发现。

(三) 教育创新:创意写作的演进

如果说观察创意写作发端的微观角度是课程改革,理解创意写作的发展脉络需要借助英语文学的进程,那么综合理解创意写作的发展理念,则需要结合教育创新的历史。把创意写作放在美国高等教育发展历程中进行考察,才能把握其学科目标及其历史变迁。

创意写作经过百余年的发展,每一个阶段的演进都与具体的教育改革、教育理念密切相关。从根本上而言,创意写作是教育创新的产物,它的学科目标、发展理念和教学方式与特定阶段的教育思想都是不可分割的。

创意写作与教育系统的关系复杂而密切,自从 1825 年弗吉尼亚大学这所公认的美国第一所州立大学开课以来,经过 1867 年《莫里尔法案》(*Morrill Act*)、进步主义教育运动(Progressive Education Movement)、《军人权利法案》(*GI Bill*)的推动,以教育的大众化、专业化来理解创意写作的发展历程成为重要的维度。麦克格尔曾说:"我们应该把'创意写作'这个词语的广泛传播,归因于 20 世纪 20 年代这个特定阶段的进步主义教育的兴起。"[1]在这段时间内,重要的教育思想纷纷涌现,出版了一系列著作如"进

---

[1] MCGURL M. *The Program Era: Postwar Fiction and the Rise of Creative Writing* [M]. Cambridge (Massachusetts): Harvard University Press, 2009:85.

步主义教育之父"弗朗西斯·韦兰·帕克(Francis Wayland Parker)的《儿童》、约翰·杜威(John Dewey)的《我的教育信条》、查尔斯·艾略特(Charles Elliot)的《教育在民主社会中的功用》、威廉姆·詹姆斯(William James)的《讲给老师的心理学与讲给学生的生活理想》以及斯坦利·霍尔(Stanley Hall)的《以儿童学习为基础的理想学校》等。这一时期的教育对创新、个人表达的鼓励,为创意写作的发展提供了机遇。从这个意义上来说,创意写作正是教育创新的产物,然后它依靠教育机制发展出了自己庞大的系统。

创意写作不可能不带有创新教育的某些理想。观察和理解创意写作在不同时期与教育的各种复杂关系,是理解它作为一种创新教育的本质的有效途径。"19世纪末和20世纪初,对飞速发展的科学和产业经济增长的信念,明显地影响了美国的教育思想"①。这正是美国创意写作创生的早期环境,也是语言学的分化和进步教育、民主教育思想的碰撞的关键时期。麦克格尔引用迈尔斯的话,表达了对创意写作和教育环境的理解,"正如迈尔斯告诉我们的那样,在20世纪早期的教育环境下,创意写作是作为学生自我表达能力的创新内容出现在教育体系中的"②。与此同时,"各式各样的教育改革理论出现了,这些理论都置于进步主义教育的保护伞下"③。无论是对爱荷华大学创意写作项目的设立有重要影响的诺曼·福斯特(Norman Foster),还是进步主义教育时期的休斯·

---

① MILSON A J, et al. eds. *American Educational Thought 2nd Ed.: Essays from 1640-1940*[M]. Charlotte: IAP, 2010: XVII.
② MCGURL M. *The Program Era: Postwar Fiction and the Rise of Creative Writing*[M]. Cambridge (Massachusetts): Harvard University Press, 2009: 2.
③ 卡罗尔·卡尔金斯. 美国文化教育史话[M]. 邓明言,译. 北京:人民出版社,1984: 19.

默恩斯,其教学实践都是当时教育观念的具体体现。

让我们再看看 20 世纪 20 年代创意写作的教育目标。1925 年,简妮·瑟芭(Jane Souba)与众多的教育者、作家就已经在关注创意写作的教学与基础研究问题。瑟芭对创意写作的理解可以说是 20 年代主流观点的具体体现,即"创意写作是学生们用他们找到的最合适的方式表现他们的所思所感"①。这与 19 世纪末 20 世纪初注重学生的自我表达能力的教学目标是一致的。瑟芭进一步指出:"创意写作和应用性的写作(practical writing)具有类似的地方。两者都要涉及学生们熟悉的生活和环境。"这凸显了 20 年代创意写作发展起步阶段的基本特征——"创意写作不是狭隘的功利主义……";"应用性写作强调材料";"创意写作意味着创造性思考和研究"②。20 年代的学校教育体系里流行的做法是把创意写作作为一种额外的辅导写作、学习的有趣方法。瑟芭注意到了这一问题,她把创意写作定义为帮助实现创造性、创意的一种方法。在瑟芭的观点里,创意写作是用来表现和实现创意的有效方法,它与创造性思考和研究(creative thinking and research)有关,它的意义在于在课堂上激发学生的表达能力、创造性思考能力等。当时的写作课堂的教学思想具体体现为老师要"相信学生有创造力,鼓励其创造性的性格,尽可能利用自己的心理学知识,把它当作释放创造力的工具"③。

---

① SOUBA J. Creative Writing in High School[J]. The English Journal, 1925, 14(8): 593.
② SOUBA J. Creative Writing in High School[J]. The English Journal, 1925, 14(8): 593.
③ SOUBA J. Creative Writing in High School[J]. The English Journal, 1925, 14(8): 593.

在"创意写作能否教"这个问题上,瑟芭的观点也具有很大的启发性,"反对创意写作的观点,一部分是由于误解了创意写作必须是'文学'的,必须表现出'文学'的背景,必须有'风格'"①。如果仅仅把创意写作当作"文学的"写作,仍然只强调其想象力的激发、风格的塑造,那么创意写作仍旧只是浪漫文学个体灵感论的延续,而非立足于新的教育思想的创新性的课程。如果对"创意写作能否教"的发问仅仅是指"文学的"写作,那么问题本身显示的正是对创意写作内涵的不理解,没有抓住创意写作在具体的阶段的课程思想。所以,当我们提出这样的问题时,需要回到当时的教育环境来回答,唯有如此,创意写作常见问题中的争论才可以得到相对明晰的梳理。

1926年,格雷迪斯·坎贝尔(Gladys Campbell)在其论文中,对此有更为明确的划分:"每一个中学都把英语写作作为他们工作的一部分,或者作为学生书面表达能力发展的一部分。"②而关于书面英语(written English)写作,坎贝尔则指出:"书面英语有两种,基本的和创造性的。"③坎贝尔的论文至少表明了两个问题:第一,在1926年前后,英语写作已经成为中学里面常见的课程;第二,当时中学的英语写作已经讲究表述逻辑、层次等基本要求。但最重要的是坎贝尔指出:"由于商业和社会关系方面必要的交流的功利主

---

① SOUBA J. Creative Writing in High School[J]. The English Journal, 1925, 14(8): 592.
② CAMPBELL G. The Creative-Writing Class in the University High School[J]. The School Review, 1926, 34(1): 25.
③ CAMPBELL G. The Creative-Writing Class in the University High School[J]. The School Review, 1926, 34(1): 25.

义,每个人都需要知道好的写作的惯例。"[1]在这里,坎贝尔提供了一个关键的信息,英语写作已经和当时的商业和社会交流有了密切的关系。1926年的另一篇文章《新闻工作与创意写作》(*Journalism and Creative Writing*)是对坎贝尔观点的有效证明,新闻写作与创意写作的关系,在众多的高等院校中以研究生学位的形式固定下来,如英国斯特莱斯克莱德大学开设的新闻与创意写作(Journalism & Creative Writing),邀请国际认可的作家、学者和资深新闻业人士授课,伦敦米尔德塞克大学也提供相关的新闻和创意写作学位(BA Honours, Creative Writing and Journalism),而新闻系的写作和创意沟通(Writing and Creative Communication)课程则可以被看作上述子分类在现代新闻、媒介发展的基础上衍生出的新的创意写作方向。对比20年代和当下的创意写作子分类,可以进一步明晰创意写作的立足点以及在后来的发展中如何产生变化、受哪些因素影响。比如1912年哥伦比亚新闻学院成立,1917年普利策奖设立,1923年美国《时代》周刊创建,这些都说明创意写作与新闻作为一个写作方向,在彼时并非偶然出现。

坎贝尔对当时的英语写作课程有着仔细的观察:"一般来说,写作课程经常把基本的写作和创造性的写作混在一起。"[2]这表明创意写作在当时仍旧处在孕育期,距离它成为独立的艺术硕士专业方向还有一段时间。创意写作持续受当时高等教育发展理念以及变化中的课程哲学的影响,当然学科的专业化等因素也会影响

---

[1] CAMPBELL G. The Creative-Writing Class in the University High School[J]. *The School Review*, 1926, 34(1): 25.
[2] CAMPBELL G. The Creative-Writing Class in the University High School[J]. *The School Review*, 1926, 34(1): 25.

创意写作的变化、发展。就具体的课堂目标而言,创意写作则需要在接下来的10年,也就是到爱荷华大学成立全美第一个创意写作的艺术硕士学位(MFA)时,逐步找到自己的发展方向。

露拉·B.库克(Luella B. Cook)在1931年发表的论文《创意写作在课堂:怎样、什么时间、是什么和不是什么》(*Creative Writing in the Classroom: Its How, When, What, and What Not*)中提到了"创造性智慧"(creative intelligence)这一概念,并把它作为创意写作课程的价值之一,即通过创意写作培养学生的创造性智慧[①]。创造性智慧与前述瑟芭提到的创造性思考,两者所体现的创意写作课程价值观与修辞学占据主流地位的英语课程已经有很大的不同,它在一定程度上可以说是进步主义教育思想观念的体现,也是当时教育哲学的表现。库克对创意写作课程的关注,体现为她对写作、创意、心理活动、课堂等各方面的率先尝试。她已经注意到写作是一种自我表达(self-expression),症结不在词汇本身,而在于自我的表达与呈现,注重内在的限制力量(inhibited powers)的表现。如果我们单纯地从创意写作的课堂实践来分析它的存在意义,那么它对学生个体兴趣、心理激励、潜在能力的重新发现是值得肯定的,课堂教学内容的丰富性鼓励学生的创造能力和创意思维,这正是19世纪浪漫主义文学家以及爱默生所做的努力。但是库克对创意写作的思考并没有止于此,此时的创意写作已经与爱默生时代有了很大变化,库克认为"创意写作对于我就像是把创造性思考的内容写在纸上";"创造性思考对于我就像是由很多特

---

① COOK L B. Creative Writing in the Classroom: Its How, When, What, and What Not[J]. *The English Journal*, 1931, 20(3): 202.

别的要素组成的,这些都可以在不同的程度上教给所有的学生";"当我们能够从这些特别的思想过程中学习,我们就能够在创意写作的教育方面做得更多"①。在这里,库克对创意写作的理解已经基本走出了"文学的"概念,立足于当时的教育哲学和课堂经验,拓宽并发展了创意写作的学科视域。虽然创意写作当时主要是在中学开设,但是它已经孕育出了非凡的创新思想。正如库克所言:"一些要素因作为思想要素而得以突出,这些不仅是就艺术而言的,更是就基础的人类的理解力而言的。"②即创意写作注重的是"创造性表达"(creative expression)。

至此,创意写作在库克的观点中,已经初步具备了它的独立身份和课程思想;同时也表明在教育的层面,其已经开始注重以学生为中心(student-centered),而非以教师为主导(teacher-fronted)的教学模式,这是创意写作作家工坊的基础教学理念之一,如果没有上述的转变,创意写作作家工坊与高等教育的衔接很可能要推迟。比如拉里·库班(Larry Cuban)关注教师如何具体地进行他们的课程教学,他的著作《教师应该怎样教:美国课堂中的变与不变,1890—1980》(*How Teachers Taught: Constancy and Change in American Classrooms, 1890-1980*)主要从"教师如何教"这一角度研究过去百余年美国课堂教学模式,重点"研究20世纪的改革推动之前、进行之中以及之后的教学实践……"对于这一问题,库班引述了芭芭拉·芬克尔斯坦(Barbara Finkelstein)的研究结论,指出:

---

① COOK L B. Creative Writing in the Classroom: Its How, When, What, and What Not[J]. *The English Journal*, 1931, 20(3): 202.
② COOK L B. Creative Writing in the Classroom: Its How, When, What, and What Not[J]. *The English Journal*, 1931, 20(3): 202.

"(芭芭拉·芬克尔斯坦)分析了1820—1880年间多达1 000个小学课堂的记录,老师讲很多内容,学生背诵书上的信息,也在课堂上做作业,在留出来的时间内,他们听老师和同学讲。"[1]库班引述的内容正是对教师主导的教学模式的生动说明,在学生中心制的教育思想未进入课堂前,与创意写作课程密切相关的自我表达和鼓励创造性思考是很难进行的,创意写作作家工坊也就不太可能成为普遍现象。

　　创意写作是整个教育创新的一部分,每个人都可以参与进来。创意写作是一种基础性的创意文化活动,它是个体发展创造力、潜能的方式。创意写作与社会、个体发展、教育的未来之间的衔接,能让我们从更广阔的角度来认识它,不再把它局限为一种单纯的书写行为,而是一种用来引导我们的想象力、创造力和身心发展的有效的方法或学科。在这个层面上,写作和创意都可以通过课堂教学而逐渐丰富起来。

　　库克对写作课堂教学中的心理激励和自我表达的研究,为我们理解创意写作和当时的写作教育实践之间的关系提供了实际的经验。伊莎贝尔·O. 福特(Isabel O. Ford)则基于对学校创意写作课程的具体分析指出,创意写作课程的意义在于"让年轻人通过写作来表达自己"[2]。福特的论文发表在1931年的《英语期刊》(*The English Journal*)上,福特在论文中说:"托马斯·赫胥黎指出,'展现年轻人释放他们情感的意义,教育他们如何去澄清迷糊的、朦胧的

---

[1] CUBAN L. *How Teachers Taught: Constancy and Change in American Classrooms, 1890-1980*[M]. New York: Teachers College Press, 1993: 25.

[2] FORD I O. Creative Writing in High School[J]. *The English Journal*, 1931, 20(9): 763.

想法,发展对美感的灵敏或能力是所有教育的基础目标'。""创意写作课程可以实现这些,即使是在很小的程度上实现,也是中学课程教育上最宝贵的部分。"①福特的研究结合威奇托中学的课程展开,在威奇托"首先,年轻人需要通过写作的方式来表达自己";"日记中的材料和想法可以发展成正式的作品,写在纸上"②。福特和库克的观点、经验都来自现实中的课堂教学,这些课堂的内容体现的是30年代初期创意写作的基本价值观念和实践方法。不过,福特的论文中隐含的信息同样值得注意,那就是对赫胥黎的话的引述。赫胥黎、斯宾塞、达尔文的思想在19世纪最后几十年,为美国社会所接受,对当时的功利主义教育思想、进步主义教育运动影响非常大。

福特与库克强调创造性思考、创造性表达,注重创作者的个人经验,而米尔德里德·怀特(Mildred Wright)在1932年发展的论文中也强调了这一点,即对创作者自己经验的重视。怀特从创作者经验出发,同时对创意写作的处境有所观察,"在英语系是不可能有这么多时间用在创意写作上的,除非团体要求或者有足够灵活的时间允许这样做。创意写作应该作为英语相关的重要部分,并且需要时间来发展它"③。怀特认为创意写作要争取更多的教学时间,开设更多的课程,有更为独立的身份。但是这一独立身份的确立并非是某种政策或机制给予的,需要其继续从相应的社会哲

---

① FORD I O. Creative Writing in High School[J]. The English Journal, 1931, 20(9): 763.
② FORD I O. Creative Writing in High School[J]. The English Journal, 1931, 20(9): 763.
③ WRIGHT M. Suggestions for Creative Writing[J]. The English Journal, 1932, 21(7): 541.

学、教育思想中吸取养分来完善自己,不断塑造自己的身份。

在综合考察20年代创意写作的环境之后,让我们看看30年代初期创意写作所处的环境。1933年,创意写作正在积极地为它自身的独立学科身份做准备。约翰·T. 弗雷德里克(John T. Frederick)的论文《创意写作在美国校园里的地位》(*The Place of Creative Writing in American School*)中对创意写作当时的处境有具体描述,"许多美国教师,不仅是英语教师,都对创意写作非常感兴趣。作家团体和诗歌俱乐部、小说俱乐部在各地都被鼓励,专门的课程也被设置;许多地方的老师想知道他们在这个领域应该做些什么以及怎样做"①。此时,"创意活动"(creative activities)开始逐渐增多,更为接近今天创意写作课程价值观念的观点也开始出现,"创意写作和另一种形式的作文写作不同,它没有外在的或功利的动机,而是为了写作自身的名义而写,它通过被认为是存在于内在的经验而得以继续发展,而非实用的或功利的价值"。弗雷德里克明确指出:"创意写作教育最危险的谬论依靠的是这样一个假设:它仅对极少的天才而言是重要的,因此它仅仅是正常课程的装饰,一点粉饰";"只有很少的学生能够成为作家"②。弗雷德里克已经非常接近当下关于创意写作争论的焦点:作家能不能培养,也就是创意写作能不能教,是不是每一个人都能写作。显然,在弗雷德里克这里,关于写作能不能教,早在30年代就成为创意写作领域重要的话题了,这些话题甚至可以追溯到更早的时候。

---

① FREDERICK J T. The Place of Creative Writing in American Schools[J]. *The English Journal*,1933,22(1):8.

② FREDERICK J T. The Place of Creative Writing in American Schools[J]. *The English Journal*,1933,22(1):11.

伊迪斯·汉密尔顿(Edith Hamilton)在 1934 年的文章《创意写作教学：悖论》(the Teaching of Creative Writing: A Paradox)中，已经开始系统地思考创意写作教育(the teaching of creative writing)的问题，开始向更成熟的创意写作教育层面发展。梅·麦特里克(May Mckitrick)在同一年就创意写作在教育领域的发展提出了具体意见，"第一步，创意写作要想保住它自己的课程地位，就要扩大创意活动的解释力，并且采纳它"①。这与创意写作后来的发展密切相关。麦特里克并非是预言了创意写作的发展，而是正确地从教育的层面认识到了创意写作的特征及其未来发展的可能性。他认为："如果创意写作要想存活下来，我们必须扩大它的视野，纳入更多的写作形式，而不仅是纳入今天已经被接受的创造性。"②

麦特里克的判断可能不是最有代表性的，但是却具有关键性的意义，从 30 年代创意写作的子分类和现在几十个创意写作的子分类来看，可以看出麦特里克这些判断背后的眼光和意识。做出这一判断意味着创意写作已经开始进入新的发展阶段：谋求自身的独立身份。要达到这一目标，它就必须纳入更多的写作子分类，当然这些子分类正如坎贝尔所言，它和商业活动、社会交流密切相关。不过对于相关的理论和术语，麦特里克仍旧使用"创造性思考"这一概念来强调它对英语课程的重要性，显然，这与我们今天对创意的丰富内涵的理解相比而言，显得比较刻板，但这

---

① MCKITICK M. Creative Writing in the New Era[J]. The English Journal, 1934, 23(4): 299.
② MCKITICK M. Creative Writing in the New Era[J]. The English Journal, 1934, 23(4): 299.

是麦特里克基于当时的社会、教育情况所给出的可能性探索和理论表述。创意写作的理论表述真正地接近现在的阶段的丰富性，还要等到冷战中《国防教育法案》颁布之后。不过，整体来讲，麦特里克彼时的思路已经相当成熟，对英语教学与创意写作之间的关系也有一定的深入阐发，在提到创意写作如何在新的时代发展下去时，麦特里克指出："为了保留创意写作，英语研究项目必须建立在更为广阔的基础上。"①从创造性思考的培养到创意写作在英语系中的学科地位，创意写作在教育中每走一步，都为我们回答"每个人都可以写作"这个问题提供了不同的具体思路。显然，在20年代和30年代初期，在教育层面创意写作是可以"教"的，它的背后是当时的进步主义教育哲学和相关的课程价值观念在起支撑作用。

伯尔·霍格瑞夫（Pearl Hogrefe）发表在20世纪40年代的作品《创意写作：自我的探索》(*Self-Exploration in Creative Writing*)中提出，创意写作的过程更是一种自我的成长过程②。霍格瑞夫和伊莎贝尔·福特的观点与同时期进步主义教育运动的主要精神大致相同，都注意在教育的宏观层面思考写作教育存在的意义。彼时的教育思想发展，给予了他们从教育创新的角度思考创造力和写作普遍性的可能，也为他们对写作课堂实践的创新和发展提供了契机。1930年，威廉·哈特·基尔帕特里克（William Heard Kilpatrick）则在论文中提出"有创意的活动是解决面临困境的一种

---

① MCKITRICK M. Creative Writing in the New Era[J]. *The English Journal*, 1934, 23(4): 300.

② HOGREFE P. Self-exploration in Creative Writing[J]. *College English*, 1940, 2(2): 156-160.

方法"①。作为进步教育运动的主要人物之一,基尔帕特里克是著名教育家约翰·杜威的同事和追随者。麦特里克也指出:"没有创意的教育不能称为真正的教育。"②直到今天,这些关键的论点、话题、概念依旧被讨论着。在教育创新的层面,写作是作为基础性的创新能力的发掘而存在的,写作成为创新教育在文化能力培养方面的创造性实践,每一个人都可以写作,立足于本土的文化经验,通过写作发掘自我的创意思维。在此基础上,创意写作是否可以教的问题,也就厘清了思路。

在这些教育创新思潮中,书写是一种基本技能,它与阅读、言说都是人类基础的表述能力,文字的阅读与书写在创意写作诞生之后,随之发展,作者的身份不再局限于某一个小说家、诗人。书写与人的创新、创意能力联系在一起,每一个人都可能是作者、创造者、生产者。展开这个问题,就是争论已久的"创意写作是否可以教"的问题。创意写作是否可以教?或者说,大学能否教写作?这是自从创意写作出现以来,一直讨论不休的问题。实际上,到目前为止,任何一个地区、院校想建设创意写作,都无法回避这个问题。要完整地回答这个问题,并不是引援哪一位作家或学者的论点就可以的,它需要我们立足于创意写作与教育实践来对这个问题做出新的总结。

从 1936 年爱荷华大学建立了全美第一个创意写作艺术硕士点开始,创意写作就开始在教育系统中不断尝试扩展自身机制,因

---

① KILPATRICK W H. The Place of Creating in the Educative Process[J]. *Childhood Education*, 1930,7(3):115.

② MCKITRICK M. Creative Writing in the New Era[J]. *The English Journal*, 1934,23(4):299.

此在教育的视野中理解创意写作的存在和发展，有着关键的意义。

20世纪40年代开始，创意写作课程与教育的价值的思考已经进一步成熟。霍格瑞夫在《创意写作：自我的探索》(Self-exploration in Creative Writing)中就创意写作的价值和目标进行了概括："真正的创造是这样一种活动，在其中学生可以得到改变和成长，得到自我发展。"[1]"自我发展"(self-development)这个词语一方面可以说是进步教育的主张之一，另一方面也可以说是现代教育进程中产生的重要思想之一，它意味着创意写作发展中重要的经验维度、生活维度进驻课堂。1943年，克莱因(Grace A. Klein)正是立足于创意写作与自我表达、自我发展的理念，具体指出"将日常经验带入课堂"[2]的重要性。这些相关的经验将在时隔六十多年后，为当下创意写作发展的可能性提供思路。1926年，格雷迪斯·坎贝尔的论文《美国大学附属中学里的创意写作课程》(The Creative-Writing Class in the University High School)已经注意到写作与生活、学习能力的关系[3]。虽然坎贝尔并没有正式探讨创意写作、创造性写作之间的关系，但作为早期开始关注写作的创造性与未来发展的文学家、教师，对于这一问题她在自身所处的时代内，已经有了相对明晰的理解。坎贝尔认为在一个作品的基本表述清晰完成后，更深一步的表达就要依靠创意、新的想法，这才是体现写作价值和意义的关键，而不是把学生培养成各种类型的职

---

[1] HOGREFE P. Self-exploration in Creative Writing[J]. *College English*, 1940, 2(2): 156.
[2] KLEIN G A. An Experiment in Creative Writing[J]. *The Elementary School Journal*, 1943, 43(7): 422.
[3] CAMPBELL G. The Creative-Writing Class in the University High School[J]. *The School Review*, 1926, 34(1): 25.

业作家。坎贝尔出生于19世纪末,创意写作在19世纪末20世纪初的发展过程中,一个重要的社会背景即美国进步主义教育运动的开展。这是理解创意写作创造力(creativity)和专业(profession)的重要转折。这一时期的教育思想、课堂实践充满活力,很多基于创意、写作、个体发展方面的新思想迅速涌现。在上述社会背景下,我们可以理解"人人都可以写作"这一问题背后隐含的诸多信息。"人人都可以写作",并不是要求每个人都成为作家,作家仅仅是未来发展的一个可能选项。在进步主义的教育思想中,学校所做的是"鼓励孩子们通过艺术、音乐和创意写作来表达他们所看到、听到和感受到的东西"①,创意写作是借助语言作为表达媒介的创新教育行为,是人类听说读写四种基本学习方式之一,它与音乐等其他艺术形式一样,其根本在于创造力的激发和引导,而非培养作家。作家的培养,也并非创意写作早期的目标,它是随着美国教育创新、创意写作不断成熟而出现的支脉。从最根本的层面来说,写作被看作一种教育创新中的自我表达的能力,正如 Evarista 等人指出的:"创意写作的实践并不是为了培养专业的作家,这并不是成为专业作家的必要步骤。极少数的学生会追求自己的作家生涯。但是,写作技能的学习以及运用原理发展技巧以表现想法,在任何领域都是有价值的财富。"②在这个过程中,创意写作教师要做的是"帮助学生一方面用他的想象力发掘他过去

---

① BOWERS C A. The Ideologies of Progressive Education[J]. *History of Education Quarterly*, Cambridge University Press, 1967, 7(4): 456.
② EVARISTA S M. Adventures in Creative Writing[J]. *The Clearing House: A Journal of Educational Strategies, Issues and Ideas*, 1949, 23(6): 366.

和现在的经验,另一方面以写作这一形式实现它们"①。现在,创意写作的核心追求在于以语言为媒介、以创造性的自我表达为途径,来激发和培养学生的创造力。结合前述的讨论,我们可以清晰地看到,无论是技能训练还是创造性表达,它们只是基于教育层面的发问,创意写作的学科目标并非讨论是否能够培养作家那样简单。对上述问题的回答,需要结合创意写作发展过程中的具体问题。

---

① CONRAD H L. *Teaching Creative Writing* [M]. New York: D. Appleton-Century Company, 1937: 19.

二、创意写作的存在形态

创意写作的基本存在形态有多种，就主要的形态而言，一般可以划分为三种，即作为文学活动的创意写作、作为创意活动的创意写作以及作为学科而存在的创意写作。这三者共同构成了创意写作丰富的内涵，表明了创意写作本身具有的多个维度，它们是创意写作存在的不同层面、不同形式，三者交互呈现出创意写作的本质特征。

创意写作的三种存在形态是基于创意写作课程、学科本身所具有的文学属性、创意属性、社会属性而综合归纳出来的。就创意写作的文学属性而言，从美国创意写作发展的历史观察，创意写作本身是19世纪末20世纪初语文学与新的文学教育理念之间不断碰撞、博弈的结果，经历了语文学课程的多次起伏以及人文主义者对文学教育的改革试验后逐步确立的，它本身是对理想文学教育形式的探索。创意写作的开端可上溯到1837年爱默生那堪称"美国文学独立宣言"的演讲，二战后，创意写作学科迅速发展，美国战后文学重要的小说家、诗人开始大规模地进入高校，创意写作学科也因此成为当代美国文学原创力量的重要支撑。就创意写作的创意属性而言，20世纪早期人文主义思想影响下的创意写作教育理念，就已经蕴含了对学生"创造性"力量的重视，特别是20世纪90年代以来，全球范围内不断发展的文化产业构成了创意写作教育重要的发展面向之一,以注重创意能力培养为基础的、面向文化创意产业的创意写作学科不断出现,创意写作所具有的创意属性也在不断增强。就创意写作的社会属性而言,随着创意写作工坊和学科实践形式的不断扩展,它作为教育系统内的一个学科,其自身也在日益扩展、完善。尤其是进入21世纪以来,创意写作的全球化趋势更加明显,不仅具有自身领域的组织协会、工坊活动、学术研究,也有相应的社会实践,开始走出课堂,进入社区、公共图书馆、大型书展、城市文化节日等公共空间,其学科的内部结构和外部实践空间也都已比较完整。

创意写作具有文学属性、创意属性和社会属性,三者结合起来构成了我们观察和研究创意写作存在形态的基本着眼点。除此之外,创意写作的存在形式还有很多,但是就理解创意写作的基本问题而言,这里涉及的形态是较为基础的。在由斯科特·B. 考夫曼(Scott B. Kaufman)和詹姆斯·C. 考夫曼(James C. Kaufman)编辑的创意写作研究经典著作《创意写作心理学》(*The Psychology of Creative Writing*)中,美国学者罗伯特·斯滕伯格(Robert Sternberg)已经指出:"创意写作研究是跨学科的,涉及认知、社会、个性、心理学等方面……";"理解创造性写作不仅对心理学,而且对所有人文学科和许多社会科学都是必不可少的,尤其是心理学"[①]。斯滕伯格的本意,是强调从心理学方面研究创意写作的重要性,却也对创意写作学科及学术研究的跨领域特点给予了确认,指出了创意写作所具有的多维度、跨学科的存在属性,而不仅仅局

---

① KAUFMAN S B, KAUFMAN J C. *The Psychology of Creative Writing*[M]. New York: Cambridge University Press, 2009: XV.

限于文学教育的范畴。相应地,我们只有把创意写作的文学属性、创意属性和社会属性结合起来考虑,才能对创意写作过去百余年的发展历史有更加完整的理解。

从文学活动的角度理解创意写作,是基于文学本身来思考创意写作的存在形式,其要点在于注重创意写作的文学属性,不随意脱离文学的视域,把文学活动作为创意写作发展可能性的价值源泉;从创意活动的角度理解创意写作,是基于生活层面来思考创意写作的存在形式,其要点侧重于创意属性,不局限于文学既有的形式和范畴,关注的是文学经验、个体经验如何在社会层面得以展开;从学科的角度理解创意写作,则是基于实践的层面来思考创意写作的存在形式,其要点在于强调创意写作的社会属性,将对创意写作本质的思考放在具体的教育背景和相应的社会实践中,对既有的理论与实践进行综合观察。

整体而言,创意写作的三种基本存在形态,实质上是文学从生产、教学到研究的一体式的动态建构过程,经过几十年的发展而明确下来,其间经历了很多变化。也就是说,创意写作的这三种基本存在形式,实质上是创意写作在现代社会、现代教育体系中存在状态的一般意义上的归纳,这种归纳尊重一般文学规律、创意写作学科发展既有的事实,以及不断产生的新的创意写作项目和发展方向的特点。

这里提到的三种存在形态,可以看作创意写作的基本存在形式,这构成了我们理解创意写作在现代社会存在的基本理论视野,使我们可以更有效地建立起对创意写作的深度理解。在关于创意写作的基本认识框架里,首先要从文学活动的角度出发,立足文学经验、文学价值,思考创意写作的存在形式。创意写作与文学、写作领域的哪些范畴紧密相关,不仅与它的起源和学科愿景有关,而且与它的基本存在形态也有着分不开的关联。

对创意写作的三种基本存在形式的归纳和理解,源于对美国、英国、澳大利亚、加拿大等英语国家的创意写作学科现状的分析,如对这些国家现今创意写作的特点与共性的归纳。例如澳大利亚及其周边大洋洲国家建立了大洋洲写作项目联盟(Australasian Association of Writing Programs,简称AAWP),此外创意写作领域为人熟知的作家与写作项目联盟(Association of Writers & Writing Programs)以及英美高等院校的创意写作专业及作家工坊等都是考察对象,加上文献分析构成了本章论述的基础。比如,英国的东安格利亚大学创意写作学科建设之初的写作教育情况,美国爱荷华大学创意写作项目确立的背景和一些关键条件,美国斯坦福大学创意写作学科对虚构类作品一贯重视,他们通过各种文学活动、工坊来实现创意思想的培育并且有相当完备的学科建制和教学管理机制,这些资料是归纳创意写作这三种基本存在形式的客观根据。这些工作在迈尔斯和蒂姆·梅耶斯(Tim Mayers)的著作中,已经基本得到厘定。本章的重心在于立足于不同国家、地区的个案分析,建立理解创意写作整体理论的视野,为认识创意写作提供一个相对完整的框架。在这个过程中,尤其重视立足于创意写作本土创生的视野展开讨论。

(一) 作为文学活动的创意写作

从文学活动的角度观察创意写作,是我们理解创意写作的起点。创意写作拥有丰富的内在维度,文学活动是其最基本的组成部分。

作为文学活动而存在的创意写作,是创意写作在现代社会存在的三种基本形态之一。从文学活动的角度认识创意写作,实质上是把创意写作看作一种文学创作的实践活动,遵循文学创作的一般规律,这与文学教育的课程改革、人文教育的理想追求密切相关。

以美国的创意写作发展历史为例,创意写作兴起的重要背景就是高等院校里英语研究(the study of English)的出现,而后英语系(English department)普遍建立,开始讲授与古典修辞学不同的课程。1876年,哈佛大学英语系成立,弗朗西斯·詹姆斯·柴尔德(Francis James Child)被授予"英语教授"(Professor of English)的职位。柴尔德的教学中,写作和散文阅读已经成为课程内容的一部分。柴尔德离开哈佛之后,哈佛校长艾略特任命了新的人员从事英语文学教学(the teaching of English literature)。直到1880年,温德尔被任命为英语系的教员,从那时起,写作开始以自己的名义在课堂上被教授。参照美国学者迈尔斯的观点,这正是美国创意写作的开端,此前虽然有类似的英语写作,但它主要是一种修辞学课程的附属,本身并不具有独立性[1]。

19世纪英语研究的崛起、英语系的建立、英语写作以"文学"的名义独立开课,这三个关键事件,正是创意写作诞生的历史基础。早期英语研究的出现是后来英语系建立的重要前提,而英语系的建立,则是英语写作获得独立课程身份的直接条件,并构成了英语文学发展的教育保障机制。正是在哈佛大学英语系,英语写作成

---

[1] MYERS D G. *The Elephants Teach: Creative Writing Since 1880* [M]. Chicago: University of Chicago Press, 2006: 37.

为一门独立的课程,以"文学"的名义开设,而不再按照此前更接近语文学研究涉及的修辞研究(rhetorical study)等方向来教授。用迈尔斯的话说,这些19世纪末出现在美国高校里的英语写作,"此前被认为是创意写作的范例"①,它其实是对"修辞学的文学改革(literary reformation)"②,不再作为修辞学或者古典与文学的附庸,这正是它和1880年之前就已经存在的各种英语写作的不同之处。

显然,从19世纪后期英语写作发展的情况来看,创意写作与文学教育是密不可分的,它本身就是文学为了确立自身的独立性和合法性,而在高等教育体系内反对语文学的结果。英语系的建立为英语写作提供了制度保障,英语写作所要求的文学创造与实践的结合有了生存空间,这个空间又与美国19世纪末的高等教育变革紧密相关。所以,如今的创意写作系统是在现代教育以及社会经济活动高度发达的背景下,在文学活动发展到一定阶段后创造性生成的综合产物。文学活动经验的不断积累和写作领域的现代传播技术、新的书写形式的出现,正是创意写作萌生的基础。如今,英语国家的创意写作学科主要设立在英语文学系,创意写作天然地与英语文学的理想结合在一起,以文学活动形态存在的创意写作可以说是创意写作学科最基本的形态。

创意写作作为文学活动存在,是我们理解当前英语国家创意写作的一个窗口。从这个角度,我们可以对海外创意写作展开定

---

① MYERS D G. *The Elephants Teach: Creative Writing Since 1880* [M]. Chicago: University of Chicago Press, 2006: 39.

② MYERS D G. *The Elephants Teach: Creative Writing Since 1880* [M]. Chicago: University of Chicago Press, 2006: 40.

向的梳理。新加坡国家教育学院(the National Institute of Education Singapore)的 Ai-Girl Tan 进行的创意写作课堂教学可以很好地为我们展示文学与创意写作的深层交互关系。鉴于中文和英文都是新加坡的主要官方语言,在这一特殊的课堂和语言环境中,以对比的视角,有助于我们加深对创意写作的理解。

Ai-Girl Tan 主要从事心理学方面的研究,在日本获得社会心理学方向的硕士学位,而后在慕尼黑大学获得心理学博士学位,研究主要包括心理学在教育领域的实践应用以及教育中的创造力的培养、激发等。Ai-Girl Tan 在其重要的论文《培育创意写作:中文学习者的创意写作》(*Fostering Creative Writing: Challenge Faced by Chinese Learners*)中讨论了创意写作项目在多文化、多语言环境下的具体教学展开方式,这些论点建立在由 174 名学生组成的中文课(Chinese-language classes)课堂教学实践的基础上。

在 Ai-Girl Tan 的教学中,文学教育中的修辞练习、创造性表达技巧、创意技巧训练是一体化的,构成了课程的核心内容。174 名学生的年纪都在 16—18 岁之间,其中男生 83 名,女生 91 名。Ai-Girl Tan 设计的创意写作课程以八周为一个阶段,课程主要从六个方面帮助在新加坡的中文学习者提升创意写作能力。六个方面具体是语言技巧(linguistic skills)、创意技巧(creative techniques)、评估模式(appropriate assessment modes)、完成既定任务的动机(motivation to generate an ongoing task commitment)、学习气氛(a learning climate)以及学习环境(learning environment)。在具体的课程内容方面,以第一课为例,其主要目标是让学生能够理解什么是"修辞的艺术"(art of rhetoric),以及通过小组模式的头脑风暴进行深化,让学生可以使用关联技巧(association techniques)进行直接类比(direct analogy)。

　　Ai-Girl Tan 的相关研究主要立足于创意写作对个体学习者的积极意义,利用与中文相关的文学资源、写作资源设计具体的课程,其课程设计及教学思想涵盖了具体的课堂教学、作业设计(schedule and design of the study)以及相应的教学评估和测评(assessment for learning),其整体教学设计思路以及相关的理论研究基础具备相当的科学性,有很高的可借鉴性①。其中,如何利用中文文化资源、写作资源来设计相关的教学内容,如何掌握学时、评估环节,都是具有前瞻性的实验。

　　创意写作在英语国家的教学机制的成熟,使其逐步在全球化的文学活动中为众多国家、地区所接收和引入,这是 Ai-Girl Tan 展开创意写作研究与教学的两大背景。上述背景决定了 Ai-Girl Tan 的实验对亚洲国家和地区是很好的借鉴。立足对文学活动的理解,遵循课堂教学规律,从中文的语言文化中发掘资源来设计创意写作课堂内容,则是 Ai-Girl Tan 的研究中最具创新性的地方,它体现了研究者所具有的本土创生的视野。Ai-Girl Tan 本人在教育、心理学领域的学术研究,尤其是注重激发和养成创造力方面的探索,对以文学活动来设计具有可操作性的创意写作课程具有关键意义。

　　上述案例让我们看到了创意写作与文学之间的密切关系,文学方面的写作课程为更高层次的创意培养提供了基础训练,创意写作成为文学教育课程改革的重要尝试和创新,两者呈现出互为

---

　　① TAN A G. Creative Writing of the Chinese Learners[M]//KAUFMAN S B, KAUFMAN J C. The Psychology of Creative Writing. New York: Cambridge University Press, 2009: 336.

一体的关系。作为文学活动而存在的创意写作，既包含了基本的语法、语言表达能力方面的练习，也包含了转化和升华文学想象方面的训练。具体的能力训练又落实在写作技巧上，构成了一个有机系统。

正是由于立足文学活动，注重创造性表达、创意能力培养，创意写作才具备向另一种形态——创意活动形态发展的基础。法国心理学家、致力于创造力研究的学者特德·鲁巴特（Todd Lubart）的论文《作家创意过程的研究》（*In Search of the Writer's Creative Process*）正是从这一方向展开的。鲁巴特在关于创意过程（creative process）的研究中，通过对众多心理学家、学者的研究分析，指出组合（combination）、组织（organization）、类比（analogy）的能力本身就是创意过程的重要部分①。作家的创作过程，同样涉及这些创意方法，包括语言的组合、组织调度、类比手法、隐喻手法等。显然文学写作的过程作为文学活动，本身蕴含了丰富的创意维度，文学活动作为创意写作的基本形态，是其他形态生成和存在的基础。鲁巴特对创意过程的研究同样重视对作家创作过程中的创意能力的分析，这是鲁巴特和 Ai-Girl Tan 的共同点，他们意在考察文学写作的创意过程和作家的创意能力。

整体上，鲁巴特的研究为我们展示了文学在何种层面上具有创意，以及创意写作何以能够兼有文学与创意两个维度。鲁巴特的研究清楚地梳理了写作过程（writing process）、创意过程（creative process）以及写作中的创意过程（creative process in

---

① LUBART T. *In Search of the Writer's Creative Process* [M]//KAUFMAN S B, KAUFMAN J C. *The Psychology of Creative Writing*. New York: Cambridge University Press, 2009: 153-156.

writing)的三重关联；Ai-Girl Tan 则从写作过程（writing process）和创意过程（creative process）所指涉的文学活动、课堂与创造力养成的角度，结合创意能力的养成与写作中的创意问题设计课程，形成了相对完整的课程框架、教学目标、课堂内容，从细节上呈现了作为文学活动的创意写作的存在特点。

越来越多的学者开始从创意过程的角度探讨创意写作的本质，文学写作的技巧被视为基本的创意技能，而作为文学活动存在的创意写作也因此被看作创意实践。约瑟夫·M.莫克斯利（Joseph M. Moxley）在《创意写作在美国：理论与教学法》（*Creative Writing in America: Theory and Pedagogy*）中就明确提出了学生必须理解创作过程和多种写作策略的观点①。莫克斯利说："我相信作为写作教师，最基本的角色在于培养学生的写作能力，其中，在这个世界最具先天优势的办法之一就是：创意过程。"②

由此，从文学活动的层面认识创意写作，不仅关系到如何理解创意写作的存在形式和本质，而且关系到文学活动与创意写作其他存在形态的联系。Ai-Girl Tan 和鲁巴特、莫克斯利对创意过程的重视，体现的是文学活动作为创意写作的基本存在形式之一，建构了新的理论规约。

在现今的创意写作课程中，我们可以看到创意写作与文学的密切关系，尤其是在高等教育体系里，创意写作作为一种文学活动，构成了文学教育的重要层次。英国阿伯里斯特威斯大学的英

---

① MOXLEY J M. *Creative Writing in America: Theory and Pedagogy*[M]. Urbana: National Council of Teachers of English, 1989: XVI.

② MOXLEY J M. *Creative Writing in America: Theory and Pedagogy*[M]. Urbana: National Council of Teachers of English, 1989: 25.

语和创意写作系开设的英语与创意写作（English and creative writing）、中国上海大学中国创意写作中心设置的大量文学实践练习、加拿大温莎大学开设的 20 世纪传统与当代写作（the traditions of twentieth-century and contemporary writing）等，在这些课程背后，可以看到文学与创意写作渊源深远。如果考虑到美国爱荷华大学创意写作的丰富课程体系最早由 19 世纪末的诗歌写作课程演化而来，我们对创意写作和文学活动之间的关系也就更加明晰了，更不必说在过去百余年的历史中，创意写作一直受到英语系等文学科系的庇护，本身就是当代文学发展的重要组成部分。

以文学活动的形式存在的创意写作，内在地包含了它与传统文学写作的各种复杂关系，是我们理解现代社会中具有系统性、机制化的创意写作与文学活动、文学教育关系的着眼点。比如，文学写作中的创意过程（writer's creative process）、写作障碍（writer's block）、文学类型（literary genres）、创作个性（personality）、发散性思维（divergent thinking）、创意阅读（creative reading）等常见的问题，这些方面的研究相应地包含了写作心理学与艺术构思能力等内容，既有的写作教育在寻求理论与实践的突破时，与创意写作前沿的探索相遇，文学活动的规律与创意写作基础理论的交融得以体现。

作为文学活动的创意写作的内涵相当丰富，不是简单论述可以穷尽的。一旦脱离文学规律，创意写作教学的研究就缺少相应的切入点和突破口，创意写作本身的范畴也会被割裂。所以，认识创意写作，不能脱离它作为文学活动的起点，但是如果只限于从文学创造的内部规律来探讨它，则会在对创意写作的发展动态、纵向变化以及影响文学创作的社会维度的理解上有很大缺失。

从文学活动的角度认识创意写作的基本存在形式,也是让创意写作本土创生与现有语言文学课程有机衔接的切入点。作为文学活动而存在的创意写作,从课程到学位、研讨项目,可谓无处不在,它通过文学活动来不断丰富自身。我们可以立足于创意写作的这种特点,思考创意写作与既有的文学教育、写作教学的丰富联系。由此,我们可以在理解创意写作这个庞大系统如何存在的同时,使之与我们熟知的文学活动建立起有效的沟通和对话。

文学活动的形式和内涵也因创意写作的出现与成熟而进一步丰富。德里克·尼尔(Derek Neale)是英国东安格利亚大学的创意写作硕士(Creative Writing MA),也是创意和批评写作博士(PhD in Creative and Critical Writing),他曾在东安格利亚大学教授创意写作多年,在他的带领下,公开大学的写作课程迎来了新的发展阶段,《创意写作手册:发展戏剧技巧、个性风格和声音》(*A Creative Writing Handbook: Developing Dramatic Technique, Individual Style and Voice*)一书是其在公开大学进行创意写作教学和研究的重要成果。该书的三位参与者分别是德里克·尼尔、比尔·格林威尔(Bill Greenwell)、琳达·安德森(Linda Anderson)。格林威尔是诗人、诙谐文作家和生活作家(parodist and life writer),他的作品见于多种杂志以及 BBC 的广播频道,在公开大学教授创意写作之前,则是在艾克赛特学院任教。

安德森是《创意写作:阅读练习册》(*Creative Writing: A Workbook with Readings*)的编辑,该书被认为是创意写作教育的重要成果。在 1995—2002 年间,安德森执教于兰卡斯特大学,是兰卡斯特大学创意写作方面的负责人,她设计了英国第一个以计算机为媒介的研究生写作课。2007 年,她获得英国的国家教学奖

(National Teaching Fellowship)。尼尔和格林威尔、安德森在创意写作方面的教学、研究经验丰富,分别在东安格利亚大学、兰卡斯特大学等处进行过相关的实践活动,这些大学都是英国创意写作方面领先的教育机构。三人共同完成的《创意写作手册:发展戏剧技巧、个性风格和声音》即是基于文学活动本身,从小说、诗歌和戏剧等主要文学类型出发,以既有的课堂教学经验、工坊活动,展开对创意写作的创新研究,本书的核心内容同时也是公开大学高级创意写作课程(advanced creative writing)的重要部分。尼尔指出:"我们所选的类型有三个,即小说、诗歌和戏剧,但也适当考虑和生活写作联系较多的类型。"[1]基于文学活动来认识和展开创意写作的教学,以及在此基础上尝试新的创新(如本书作者之一安德森设计的课程),其内在的逻辑和规律都要求我们充分重视对既有文学活动、文学经验的梳理,无论写作作为通识教育还是专门化发展,都不能随意脱离文学活动的视野。

文学活动和新媒体技术的结合,产生了创意写作学科新的若干子分类。文学活动的形式随着媒介技术、传播方式的改变而发生变化,创意写作这一系统的形成和发展,正是文学活动不断在社会环境中丰富自身的过程。安德森以计算机媒介(computer-mediated)为写作课程设计的主要技术,本身就是新媒体技术与文学活动的结合,它不仅是个人进行的教学技术改进,也是新媒体环境下教育技术自然产生相应变化的体现。

基于文学活动这一存在形式,我们可以获得对创意写作相当

---

[1] NEALE D. *A Creative Writing Handbook: Developing Dramatic Technique, Individual Style and Voice*[M]. London:A&C Black, 2009:introduction.

丰富的具体认知,不同写作项目、课程在寻求发展支持和未来出路时,它都是一个有效的切入点。创意写作层面的价值思考,离不开文学层面的考量。

对文学活动的重新审视和理解,有利于我们把握创意写作本身所具有的行动力、创造性之间的转化关系,以及它与我们具体生活的价值创造形式之间的关联性。把文学活动作为创意写作的重要存在形式之一,符合写作学、文学活动、文学创新的一般规律。只有在本土的语言文学和写作的学科实际教学、活动中来理解创意写作,我们才能参与到创意写作的发展动向中去。因而,创意写作在中国的引入和发展,并非是简单的学科建构问题,在一定程度上可以说是立足于现有的文学实践活动,对多元化的创意写作的概念进行考察,从中可以看出创意写作的一般规律以及它在具体的文化语境中如何现实与本土教育、文学活动、文学创造、文学生产的有机结合。要从文学活动的一般立场出发,去理解创意写作的基本存在形式及其发展动向。

认识创意写作存在的基本形式,就是找到理解创意写作发展规律和动向的线索。写作这一领域(学科)的发展,经过了漫长的历史沉淀,对自身发展有了新的内在要求,这意味着传统写作本身蕴含着学科变革的要求和要素,需要我们仔细检视。创意写作在美国、英国、新加坡等国家的发展,尤其是70年代以后与兴起的创意产业、教育革新、媒体技术的关联是分不开的。

创意写作与文化竞争力、文学教育的关系,提示我们需要在社会生活的视域中重新理解它的存在价值,将其放入全球化和本土化的考量范畴中。由此,我们需要带着对创意写作的基本认识,切入本土创意写作创生的具体问题。这里触及了两个关键问题:第一,现代文学教育的发展与变迁,决定了文学思想、文学活动乃至创意写作从产生到发展出完备学科建制的内在理论方向;第二,文学观念的演进。这两个关键的问题表面上指向创意写作与传统意义上的文学写作的辩证关系,实质上指向19世纪末到当代的美国文学,以及晚清以来中国百余年的近现代文学,指向文学教育本身。当把思路和视野切换到本土创生这一问题上来,我们需要理解的是:中国白话文运动与20世纪30年代语文教育改革的争论,是建设中国现代创意写作学科以及处理好创意写作与高校改革、文化创新等问题的重要语境。

这些问题看似宏大,但切入点实际就在以文学活动为基本存在形式的创意写作与文学活动的具体问题之中。从文学活动这一基本存在形式来认识创意写作,是进一步理解创意写作的产生过程、教学规律和学科建构的重要步骤,才能更好地把握住创意写作与文学活动、文学学科之间的密切关系。也只有在上述基础上,创意写作本土创生的理论建构和相关常识,才有现实基础。由此,我们对创意写作存在形式的认识相应地就扩展到下一个重要形式:作为创意活动而存在的创意写作。可以想见,创意写作发展动向的探讨及其本土创生,正是写作教育发展规律性的体现。在这个阶段,如何理解创意写作与既有文学写作经验、写作教育等相关学科、资源的关系是首要的。解释创意写作的基本概念,厘清学科历史与创制以及基本理论可以说仍是目前的基本方向。

从文学活动这一基本形式出发理解创意写作,关注和思考创意写作在中国的境遇,无法回避百年来中国现有的写作学理论的变迁以及对相关问题的具体研究。同时,在了解创意写作基本概念的基础上,我们需要结合写作学理论、文体演变的历史,在现代教育的视域中,理解创意写作存在的必然性及其客观价值。立足于文学活动来切入创意写作领域的前沿话题,才能使得本土学科创生具有相应的理论与现实基础。中国本土的写作理论思想非常丰富,文体的演变除了写作自身的规律之外,与社会形态、文化背景、经济发展之间也存在复杂的关系。但是,正因为这种复杂性,也决定了学科创生不会是轻而易举之事。

(二) 作为创意活动的创意写作

如果说文学活动是创意写作最基础的形态,那么创意活动是创意写作这一形态的发展和延续。首先,它意味着创意写作不再局限于文学创作本身,与多种艺术创作紧密结合在一起。其次,它为创意写作的实践打开了新的发展空间,使得创意写作能够进入文化、艺术生产机制。

创意写作作为创意活动,可以从三个层面加以理解:第一,从创意写作的本质来看,它注重个体创造性力量的激发和实现,一部作品的创作过程中,作家从获得灵感到付诸纸上,这个过程本身就是创意过程。第二,从创意写作学科发展的历史来看,我们可以看到创意写作在二战后不断成熟、壮大,特别是20世纪90年代以后,出现了众多面向创意产业的课程与学位。该类型的创意写作教研活动与作为文学活动的创意写作互为基础,但又有所不同,这主要体现在对创作者创意能力培养的重视上。第三,随着创意写作学科的国际化、多元化发展,创意写作具有了文学原创、艺术创意和文化创新的多重发展空间。尤其是在"文化原创"这一概念下,文学与创意紧密结合,以创意活动的形式介入文化发展空间,创意写作已经成为文化创新的重要组成力量。

首先,作为创意活动的创意写作,是在作为文学活动的创意写作的基础上发展而来的。早期的创意写作本身就包含了对"创造性"的强调,创作过程可以视为作者创意的出现和达成。所以,从根本上而言,以创意活动这一基本形态存在的创意写作,即是把写作看作一种创造性的实践活动,进而思考它的丰富性和应用价值。比如,贯穿文学创作与艺术创造的"创意"的重要性,它既是文学写作必不可少的核心能力,也是艺术创造、艺术产业发展所需要的生产要素。从创意写作的基本存在形态来理解其存在价值,将其看作一种创意活动,能够很好地把文学创作的本质与一般意义上的创意实践衔接起来。

作为文学活动而存在的创意写作与作为创意活动而存在的创意写作,两者之间具有相当丰富的联系。在文学教育、写作艺术、创新学习等视角下,以创意活动而存在的创意写作本身也不是孤立存在的,其背后有相应的现实基础。例如,在早期的创意写作教学理念中,随着进步主义教育理念的不断渗透、课程改革思想的不断推进,教师们尝试将创意和想象力带进文学活动,文学写作越来越重视创造性表达,对创造性表达的方法和规律的探索成为写作课的重要教学内容,这就推动了文学创作从文学活动层面向更高级的创意活动的过渡。例如,成立于 2008 年的澳大利亚读写教育联盟(Australian Literacy Educators Association),其宗旨之一是关注如何将创意与想象力教给学生[1]。这里的关键就是创意,具体则可以从个人创意(individual creativity)的角度出发,把文学创作与创意活动在"创意"这一维度上统一起来。

---

[1] EWING R. Realising Potential[J/OL]. Australian Institute of Art Education. *The Arts and Australian Education*. Paddington, N.S.W., 2011:Ⅲ.

其次，随着创意写作学科的不断发展，众多新兴的学位不断涌现，创意写作的文体类型开始具有更多的独立性，演化为独立的课程或学位。这些课程或学位，不再拘泥于既有的纯文学写作教育模式，而是转向鼓励学员的创意能力的培养，教学的侧重点已经从文本写作训练转向创意能力激发，创意写作本身也因此成为一种创意实践（creative practice）。例如，澳大利亚昆士兰科技大学创意写作的创建人菲利浦·内尔森（Philip Neilsen）对生活写作（life writing）的归纳和分析，体现了作为创意写作子分类的生活写作与文学、创意之间的内在深层联系。内尔森指出："两百多年前，生活写作的形式，像自传、回忆录、传记、日记账、随笔和日记已经非常受欢迎。"[①]而在当下，这些文体随着创意写作学科的发展，在高等教育体系内也随之确立了自身的地位，它们从单一的文体变成了创意写作学科的特定课程、学位，如英国伦敦的皇家霍洛威大学开设的创意写作与生活写作（MA in Creative Writing & Life Writing），伦敦大学金史密斯学院开设的创意与生活写作（MA in Creative & Life Writing）。这些学位都是从具体的文体类型演化而来的，促成这一转变的关键因素即是当代社会对文化创意与创意教育的鼓励。在这些课堂上，学生们不再是纯粹的作家，而是面向文化创意领域的创意实践者。伦敦大学金史密斯学院的创意与生活写作课程主要以创意与生活写作工坊（creative and life writing workshops）的形式进行，在此基础上鼓励学生进行各种形式的创造性实践。通过开设此类课程以及一对一的教学，可将文学活动、文

---

① MORLEY D, NEILSEN P. *The Cambridge Companion to Creative Writing* [M]. Cambridge: Cambridge University Press, 2012: 133.

学经验的创造性书写,与学员的生活经验、生命体验直接相连,文学活动和创意能力的培养得以实现。

以金史密斯学院和皇家霍洛威大学为例,我们可以看到文学写作已经摆脱了传统的训练模式,确立了以创意为导向的教育理念。文学写作的创意维度被放大,既有的写作文体类型也得以与当下的文化语境相融合。正像金史密斯学院的创意写作课程介绍所言:"它通过令人振奋的丰富的项目,将创意与生活写作独特地结合起来。"①在文学活动、创意实践结合的基础上谈论写作的创意维度,是理解创意写作基本存在形式的有效办法,它让我们可以看到创意、文学、生活之间的密切联系。在此基础上,我们可以对文学教育范畴中的想象力(imagination)与不同创意思想中的灵性(spirit)、现代创意城市视野里的创意(creativity)的关系进行纵向和横向的梳理。

从创意活动的角度理解创意写作的存在形态,能够帮助我们深入理解文学活动、创意活动和创意产业之间看似矛盾而又复杂的关系。文学活动具有创意活动的一般特点,创意活动中的文学创意又具有高度的典型性。文学教育与创意实践本身又是创意写作早期发展理念中的核心内容。以作家工坊中常见的诗歌教学和文学创作训练为起始,向创意层面拓展其写作方法和文学价值,其内在的逻辑是审美价值与更具有创造性的个体认知、思维能力的衔接。例如,诗歌写作作为一种文学创造,它是我们最常见的文学活动之一,但它又有超越文学活动的一面。诗歌作为一种灵性实

---

① MA Creative & Life Writing[EB/OL].[2017-10-18]. http://www.gold.ac.uk/pg/ma-creative-life-writing/.

践(poetry as spiritual practice)，在欧美众多的学者、作家、诗人那里，已经成为能够运用其文学审美发掘更具有个人化、创造性的精神力量，它将文学作品里的审美和情感升华为个人的创造性力量，激发创造性思考。其内在基础源于诗歌世界里为人熟知的想象力，以及对直觉力量的重视。例如，美国诗人、翻译家简妮·赫斯菲尔德(Jane Hirshfield)曾在1991—1998年担任旧金山大学的创意写作讲师，还曾在多个作家会议、工坊担任教员，如纳帕谷作家会议(Napa Valley Writers Conference)、布瑞德洛夫作家会议(Bread Loaf Writers Conference)等。赫斯菲尔德在《灵性诗歌》(*Spiritual Poetry: 22 Poems About Spirituality and Enlightenment*)一文中，从"spirit"一词在拉丁语中的原意"呼吸"(to breathe)出发，分析了菲利普·拉金(Philip Larkin)、西尔维娅·普拉斯(Sylvia Plath)、威廉·卡洛斯·威廉斯(William Carlos Williams)等人的诗歌作品内在具有的精神属性。这种属性，我们可以称之为建立在审美创造基础上的一种创意力量，诗歌作品中的灵性与审美正是以文学文本基础，向创意层面的升华。文学创造是创意活动的一种基本形式，它对想象和直觉的强调，本身就是创意活动的核心要素。文学创造注重的想象力，创意活动强调的创新性以及审美精神的多维性，相互交错、转化和支撑，正是我们把创意写作视为一种创意活动的根据所在。由此，从文学活动向创意活动升华的过程中，我们对创意写作的存在形式及其所具有的可能性有了深层次的理解，而且对创意活动中的精神力量、创造力的源泉等也有了相应的掌握。

从文学创造进入创意工作领域，以原创能力为基础，通过创意思维训练，成为具有创造力的写作人才，这种创意写作的学科实践本身就是一种创意活动。吸取既有的文学原创能力,把它转化为创意工作所需的创意生产要素,这是当前创意写作教学中的重点。作为创意活动而存在的创意写作,从外在的表现形式看,如广告创意写作、口述活动、策展写作等,本身就是一种常见的创意活动,可以说创意活动即是创意写作的基础属性之一。各种创意型的写作人才,通常是设计师、策展人、广告创意人员、动漫脚本作者等,写作活动就是他们的一种创意实践活动。

再次,创意写作学科的不断发展,使得创意写作成为当代文化原创的重要组成部分,它构成了文化创造创新的基础。创意活动本身是一种社会活动,有着多元的形式与内容,这意味着创意写作作为创意活动而存在的开放性、活跃度,都将自身与文化生产和文化塑造联系在一起,而并非孤立地局限在文学艺术领域。它可以以创意活动的存在形式进入公共空间,从而获得一种文化创造的身份和认同。

因此,创意写作具备了让自身个性化、多元化的文化创新力量进入文化生产,从而面向整个文化消费群体的可能性,它能成为现代社会中的一种重要的活动形式。在常见的写作层面上,创意写作已经与各种类型的创意活动紧密地结合在一起,形成不同的产业,与文化消费构成一个开放的、循环的价值链。基于对创意活动的理解,反过来审视创意写作的存在形式、表现形式,我们可以清晰地看到作为创意活动而存在的创意写作,它已经与公共文化产品及服务的提供联系在一起,遍布于广告、新闻、策展、影视、游戏等具体行业之中。

文学活动的形式与创意活动的形式高度成熟,是创意写作子分类出现的基本条件。基于写作、文学价值本身的内在逻辑,从创意活动的层面认识创意写作，贯穿了对写作课堂经验、文学教育规律、产业领域实践的综合思考。以英国的巴斯泉大学为例，其当代写作研究中心开设的旅行与自然写作（travel & nature writing）和影视剧本写作（scriptwriting），可以看作一种文学活动在课堂内的展开，也可作为一种创意活动，以工坊的形式介入城市文化、公共文化空间，进而还可以建立起与创意产业之间的合作关系。

在上述的探讨中，我们无意模糊文学活动与创意活动的差异，它们仍然有各自的鲜明特点。麦克·哈里斯（Mike Harris）对创意理论（creativity theory）和文学理论（literary theory）的对比分析，有助于我们加深对上述两种存在形式的认识。哈里斯以他对莎士比亚的研究，提出了一个重要的问题：创意理论比文学理论更适合创意写作吗？（Is creativity theory a better fit on creative writing than literary theory?）[1]从创意活动的角度认识创意写作的存在形式、属性，是基于我们对文学创造性的客观理解及其价值实现的思考。从文学活动到创意活动这一视野的切换，则让我们可以更客观地审视创意写作与学习、生活的实际关系，它们相互影响、渗透。

当文学活动以创意活动的形式出现时，创意写作就与我们的生活空间建立起了真实的联系。文学与写作，以贴近生活的形式，借助创意，策划成有趣的创意活动，文学的价值、创意的力量与生活的经验共同构成了创意写作的源泉。在这个联结中，创意活动成为我们生活的一部分，它既是文化消费的一部分，也是创作的一部分，同时也是写作和创意理论实现自身价值的过程。创意写作

---

[1] HARRIS M. "Shakespeare Was More Creative When He Was Dead": Is Creativity Theory a Better Fit on Creative Writing Than Literary Theory? [J]. *New Writing*, 2011, 8(2): 171–182.

的价值之一就是立足写作与生活的双重创造,注重通过创意活动来理解和消化既有的文学经验,而不是反过来被既有的经验束缚。如果在这个过程中继续既有的写作模式,而不以生动的文学事实来发掘它与生活的内在联系,文学就无法有效地成为生活的鲜活"内容",无法成为一种生命经验,而创意活动所延伸出来的"文化消费"也只是一种剥离了文化经验的物质消费。创意写作的意义便是发掘写作与生活的实际联系,这也构成它的学科愿景之一,这一思路将会影响并渗透到创意写作学科本土创生的众多议题和措施中。

从创意活动这一形式出发,建立起对创意写作的有效理解和观察角度,其意义在于融合创意写作课堂与公共文化空间之间的实际实践环节的打通。这里涉及一个重要的问题,即如何有效地将创意写作对创意技能、思维的拓展训练与文学写作能力的提升纳入创意活动中。

以创意活动而存在的创意写作,就其本质而言,起到沟通文学课堂与文化消费的中介作用,"创意活动"是一个至关重要的概念,它隐含的是一种如何看待写作价值以及如何转换写作价值的思路。以创意活动这一概念建立起文学写作价值的对话、碰撞,正是创意写作的闪光点,它不仅关注创造性表达,而且还以生活经验来理解写作的价值。比如策展与影视剧本的创意写作,作为一种创意活动,都是常见的文化消费内容。这些文化产业的存在是城市文化服务的有机组成部分,创意写作通过这一形式丰富了自己的内涵,也因此打开了公共文化空间,为自己创造出更为开阔的发展空间。正如伊丽莎白·A. 戈尔韦(Elzabeth A. Galway)在《从童谣到国家:儿童文学与加拿大身份的建构》(*From Nursery Rhymes to Nationhood: Children's Literature and the Construction of Canadian*

Identity)所描述的:"许多作家已经敏锐地认识到文学与国家建构之间的关系。"①戈尔韦认识到文学与国家想象、身份建构的联系,它关系到创意写作更高层面的价值和功用,这一问题将在本书的最后一个章节讨论,这里主要立足创意活动这一层面,探讨创意写作存在的基础与形式。

当代创意活动的形式、理论在不断丰富,当创意写作的发展也带来新的机遇,提出新的要求。同时,创意领域的研究与实践,也对创意写作、创意活动产生影响。创意活动的丰富性和变化性,是影响写作与创意的新维度。在谈论创意写作发展可能性的时候,在将创意写作与创意产业、文化消费放在一起理解的时候,不能轻易脱离文学活动这一基本立足点。

最后,创意写作在教育层面上,以文学活动为基础,以不同类型的写作为媒介,不断强调创意能力的培养、激发,让写作的价值通过创意的形式进入日常活动,进而和学习、生活产生多元的密切联系。创意写作本身就具备了将其自身的创造工作转化为社会价值的通道,这里,我们关于创意写作是培养作家还是其他类型的适应创意产业发展的人才的讨论,就可以从它的存在形式中得以初步厘清。成为原创型的作家或是擅长不同类型写作的文化创意人才,都要从它的存在形式这一点来思考。

(三) 作为学科存在的创意写作

如果说文学活动是创意写作的历史起点,创意活动是创意写

---

① GALWAY E. From Nursery Rhymes to Nationhood: Children's Literature and the Construction of Canadian Identity[M]. London: Routledge, 2010: 1.

作在当下的进一步发展,那么作为学科而存在的创意写作,则为我们呈现了创意写作的立体图景。整体而言,这三种存在形态是相互统一的,文学活动本质上属于一种创意活动,在创意活动的视野内,文学活动的创造性具有高度的典型性,创意写作学科则涵盖了两者,把文学活动与创意实践结合起来。

学科是创意写作存在的最重要的形式,我们通常谈论的创意写作,大多指作为学科而存在的创意写作。尤其是中国在十年来引进并建立创意写作学科的过程中,作为学科存在的创意写作,它一方面关系到创意写作作为学术科目的问题,另一方面关系到当前中文系的文学教育改革。

从学科这一基本存在形式理解创意写作的发展,可以纵向地梳理出创意写作从诞生到现在遇到的各种问题,即从创意写作的基本存在形式出发,深入认识创意写作教学、工坊实践等问题。尤其是当我们思考创意写作学科,深入认识其诞生及目前面临的挑战和未来发展的可能性时,我们需要厘清文学、教学上的各种争论话题的来源。从学科角度认识创意写作的存在形式,还会涉及艺术硕士学位的设立、导师制、作家工坊制度、教师专业化、学科专业化、创意写作的学术研究等问题。

美国的创意写作学科建制和发展历史最为完善、久远。早在1897年,爱荷华大学就已经开设了文学方向的创意写作的课程,并于1922年提供该专业的高级学位。至今全美已有三百五十多所大学开设了文学方向的创意写作项目。从1936年爱荷华大学成立第一个作家工作室发展至今,全美已有一千余个创意写作项目,一百五十多个授予艺术硕士学位的创意写作项目,其中三十个还颁发博士学位,这一数目如今还在增长之中。

创意写作作为学科，一般设在英语系，主要有文学硕士和艺术硕士两种形式，其中很多院校在设立创意写作学位之初，是以文学硕士的形式设立的，而后经过一段时间的发展，才转为专门化的艺术硕士学位。如20世纪40年代康奈尔大学创建的创意写作项目，到1967年确立了创意写作艺术硕士学位，这一过程包含了创意写作学科与其关系密切的语言文学系里其他文学学科的分合关系。在学科之外，很多院系也开设有创意写作课程，主要是与创意写作的子分类关联度高的学科，如英国罗汉普敦大学的戏剧和表演系开设的各种艺术课程中，就包含了创意写作课程；索尔福德大学的戏剧艺术专业也有戏剧和创意写作课程。与上海大学有深度合作的英国利兹大学的表演与文化产业系则设立了创意写作学位。此外，创意写作与其他院系的课程结合后，出现了一批新型的课程，例如曼彻斯特城市大学为本科生开设的商业与创意写作（Business & Creative Writing）方面的课程。由于学科专业化和交叉发展，创意写作课程被纳入某个专业领域并作为相关写作训练的情况已经非常普遍。

创意写作学科的不断专业化发展，使艺术硕士学位也不断增多。特别是在英语国家，创意写作艺术硕士学位的专业化、国际化目前已经成为一个明显的趋势。美国、英国、加拿大、澳大利亚和新西兰等国家，以及亚洲的韩国、日本、菲律宾，包括中国香港、澳门等地区都开设有创意写作课程，其中多所高校都设置了创意写作艺术硕士学位。

在现代英语国家中，创意写作发展形态和学科建制比较完备的当属美国和英国，其次是澳大利亚、加拿大等。不同的语言、文化，使创意写作学科的建构面临的问题差异很大。以学科形式存在的创意写作,主要有两个内容:一是创意写作领域研究,注重学科的发展和建构;二是注重在本土教育的探索中开展创意写作工坊、教学的实践,注重教学、写作、培养方案的创新和研发。

上海大学中国创意写作中心是中国首家致力于创意写作理论研究,并将之与创意写作教学、创意产业实践相结合的科研单位,也是国内第一个设有创意写作博士点的高校。上海大学中国创意写作中心官方公布的学科介绍,将学科发展放在了教育国际化的大背景下,"中心以创建中国化现代创意写作学科为目标,致力于欧美现代创意写作学科的整体引进和中国传统写作学的现代化改造,改革中国高校中文教育教学培养机制,培养具有现代意识的专业创作人才及具有原创写作能力的创意产业核心从业人才"①。经过近几年的发展,中心也开始提供独立的创意写作艺术硕士学位。中山大学的创意写作学科是中国第一个开设在英语系下的英语创意写作项目,在戴凡教授的带领下,得到了国内外的认可,可以说是中国创意写作学科的重要建设成果。此外,复旦大学是中国第一个提供创意写作艺术硕士学位的高等院校,而中国人民大学、北京师范大学则因在文学创作方面的专注而成为国内创意写作学科的重要力量。

在《MFA 的国际化》(*Internationalising the MFA*)一文中,香港城市大学的许素细与美国奥克兰大学的格雷姆·哈珀、以色列巴伊兰大学的马塞拉·苏拉克(Marcela Sulak)、英国东安格利亚大学的安德鲁·考恩(Andrew Cowan)讨论了创意写作与 MFA 教育的

---

① 上海大学中国创意写作中心[EB/OL].[2017-05-18]. http://www.cyxz.shu.edu.cn/.

背景、发展问题。对于创意写作学科发展的趋势和新特征,格雷姆、苏拉克指出了创意写作在英语国家之外的国际化发展情形,"从2002年开始,巴伊兰大学就已提供创意写作艺术硕士学位,巴伊兰大学也是中东地区唯一提供创意写作艺术硕士学位的学校"[①]。苏拉克关注非英语国家创意写作的发展以及以色列本土创意写作学科的发展前景,将以色列创意写作学科发展的思考置于全球教育的多元化潮流中,"个别的创意写作使用的是英语之外的其他语言,在以色列,主要采用希伯来语和阿拉伯语"[②]。不同语言、文化背景下的创意写作教学如今已经在全球多地展开,成为当前创意写作学科发展的一道风景线。

创意写作学科的不断成熟,使其学科教育呈现出国际化趋势。这其中最著名的、最具代表性的当属创作家写作项目联盟(Association of Writers & Writing Programs,简称AWP)。根据AWP官方资料,AWP是由15位作家代表13个创意写作项目于1967年成立的一个非营利性组织。AWP建立起了包括学生、教师、作家、大学写作项目等文学写作领域的全球联系,对文学写作的发展做出了巨大的贡献。AWP成立之初,只有12个成员院校,如今已经发展至五百多个,几乎涵盖了世界上所有重要的开设了创意写作课程、设立相关学位的院校,约五万名作家参与到AWP的活动中。

爱荷华大学的国际写作计划(International Writing Program,

---

① HARPER G, XI XU, SULAK M, et al. Internationalising the MFA[J]. New Writing, 2013,10(2): 233.
② HARPER G, XI XU, SULAK M, et al. Internationalising the MFA[J]. New Writing, 2013,10(2): 233.

the University of Iowa,简称 IWP),由保罗·安格尔、聂华苓夫妇发起创立,目前已有全球一百多个国家、地区,超过一千多名作家获邀参加这项文学活动。中国作家余光中、梁牧、王文心、白先勇、萧乾、艾青、陈白尘、茹志鹃、王安忆、吴祖光、冯骥才、汪曾祺、北岛、阿城、余华、刘索拉、蒋勋等都参加过这项活动。

在国际范围内具有巨大影响力的还有大洋洲写作项目联盟(Australasian Association of Writing Programs,简称 AAWP),它主要包括澳大利亚大学的创意写作项目,以及新西兰等大洋洲区域内提供创意写作课程教学及学位的国家。AAWP 创建于 1996 年,它对创意写作在高等教育体系内的发展具有重要意义。尤其是 1996 年以来澳大利亚的文学教育、创意写作发展,与该组织的壮大具有密切关系,它对创意写作教学研究、创意写作相关活动具有极大的推动作用。整个大洋洲创意写作发展的重要话题、研究方向、重大活动,都直接来自 AAWP 的卓越运作与充满活力的主题活动的开展。

亚太作家和翻译组织(Asia Pacific Writers and Translators Organisation)也是一个与创意写作相关的重要组织。2010 年,该组织在香港城市大学举办的跨文化写作会议吸引了来自泰国、菲律宾、印度、英国、澳大利亚、加拿大、美国等全球各地的众多学者、作家以及其他相关人士。

在英国,与创意写作相关的重要组织是国家作家教育联盟(National Association of Writers in Education),它包罗了英国重要的开设创意写作课程、设立相关学位的大学,并组织参加了 2012 年在美国芝加哥举行的 AWP 国际活动。

在整个欧洲地区,也有与创意写作相关的大型的、跨国家区域的联盟——欧洲创意写作项目联盟(The European Association of

Creative Writing Programmes,简称 EACWP)。该联盟的宗旨是为学生、教师、作家提供联系、活动,并组织各种文学活动,推动欧洲创意写作与当代文学的发展。欧洲创意写作项目联盟的成员来自全欧洲,如法国的 Aleph 写作工坊,它从 1985 年就开始提供写作教育的课程,还有荷兰的马斯特里赫特大学、维也纳诗歌学院、芬兰的奥里韦西艺术学院、英国的东安格利亚大学都是该联盟的成员。

从单一的创意写作课程到学位的创建,再到跨区域专业联盟的出现,是创意写作扩大化、国际化的体现。这些跨区域的联盟为创意写作的发展提供了良好的支持,反过来,作为学科而存在的创意写作,是在高等教育高速发展和改革的大环境下发展起来的,也为全球性的跨区域的专业组织的出现奠定了基础。由此,创意写作以文学活动、创意活动的形式而存在的现实基础,与它在 20 世纪具体的发展历程相关。

按照迈尔斯的观点,创意写作作为学科的发生和演变,可以追溯到 19 世纪末 20 世纪初美国高等院校教育中的语言学、文学的教育问题,尤其是哈佛大学校长威廉姆·艾略特为推动大学教育而创新性地推出的选修课制度。选修课制度从设立开始,正好适应了当时高等教育改革在知识专业化、现代学科分类上的大趋势,或者说它本身就是教育改革的直接产物,在 1870—1910 年这段时间内,其影响力已经迅速遍及美国高等院校。创意写作在成为专门的学科之前,作为课程的形式出现,与这一教育思想有紧密关系。1909 年,新任哈佛大学校长劳伦斯·洛厄尔接任艾略特之后,教育改革进一步完善。之后普遍确立的选修课制度,其普遍教育的独特性与创意写作本身的特质也有一定关联,从创意写作的发展来看,它本身就是一种适用于各个领域的"普遍教育",而非局限于语言文学的领域。

创意写作的兴起及大热与二战后美国高等教育的空前繁荣有紧密联系。20世纪60年代,美国高校数目急遽增加,建立公立院校的势头最旺,平均一周便有一所社区大学诞生。对院校而言,提升学术形象的一个重要途径是增加授予学位的专业科目,写作班便在这股大潮中越来越多地成为授予艺术学位的创意写作系。

20世纪70年代以后,创意写作的发展,受到新兴创意产业的影响很大,创意写作学科进一步多元化。英国创意写作的发展和学科形态也相当完备,除了得益于英语文学的高度发达之外,也与英国社会的现代创意经济发展有着密切关系,这两者是创意写作学科创生的重要条件。以英国的创意写作为例,史蒂夫·梅尔(Steve May)在《发展中的创意写作》(*Doing Creative Writing*)中指出:"创意写作是一个年轻的学科,在英国,它进入学院大约有30—40年。它在不同的机制内以不同的方式发展自己,又拥有多样的目标。"[1]梅尔的概述给了我们创意写作在英国发展的大致时间点,这一时间点在霍洛威尔的研究中具体到了1963—1966年之间[2]。在英国,圣安德鲁斯大学、东安格利亚大学、格拉摩根大学、牛津大学、巴斯泉大学、加迪夫大学、金斯顿大学、皇家霍洛威大学都开设创意写作课程或设立学位点。马尔科姆·布拉德伯里(Malcolm Bradbury)创立了英国第一个授予硕士学位的创意写作项目。1990年,东安格利亚大学已经培养出了创意写作学方面的博士生,而2017年的诺贝尔文学奖获得者石黑一雄正是该大学创意写作学的硕士毕业生。

---

[1] MAY S. *Doing creative writing*[M]. London: Routledge, 2007: 33.
[2] HOLEYWELL K. The Origins of a Creative Writing Programme at the University of East Anglia, 1963-1966[J]. *New Writing*, 2009, 6(1): 15-24.

与英语语言文学关系密切的澳大利亚,其创意写作学科最突出的特征是倚重现代教育技术与社会对创意人才的需求来设置学科,创意写作方面的研究者和教育者,注重学员的未来发展与社会需求的一致性。澳大利亚创意写作学科的创制整体上是建立在对美国、英国创意写作学科的吸收与引进的基础上。保罗·道森在《创意写作和新人文主义》(Creative Writing and the New Humanities)一书中对澳大利亚的创意写作状况和历史进行了简要的描述,他把澳大利亚的创意写作放在英语语言文学与全球化的教育潮流中进行思考,他以系统的历史的思维对现代创意写作的发生、存在和面临的问题产生问题意识。虽然澳大利亚的创意写作从创生到现在不过50余年,但从整体上来说,创意写作学科体制相对完备、比较成熟的大学有阿德雷德大学、拉筹伯大学、莫纳什大学、墨尔本大学、昆士兰科技大学、皇家墨尔本理工大学、悉尼科技大学、阳光海岸大学,这些院校都开设了创意写作学科。

在亚洲地区,除了中国的创意写作学科正处在上升期外,韩国和日本的创意写作教育也已经有了相对完整的学科建制。韩国高丽大学设有创意写作和媒体研究系,国立顺天大学设有创意写作和文学艺术系,檀国大学设有文学创意写作系[1]。毕业生不仅可以按照自己的发展规划成为诗人、作家,还可以胜任广播、新闻、电视、出版等领域的工作。此外,韩国延世大学开设了小说方面的创意写作课程,类似于美国爱荷华大学小说方向的创意写作课程[2]。

---

[1] 参考 Department of Creative Writing and Media Studies[EB/OL]. [2019-05-17]. http://sejongjwizard. korea. ac. kr/user/index. action? calltype = index2&command = &siteId = kacweng.

[2] Yonsei University. Creative Writing Certificate[EB/OL]. [2019-03-19]. https://uic. yonsei. ac. kr/main/major. asp? mid = m02_05_11.

从檀国大学、国立顺天大学等高等院校的创意写作科系的设置,我们可以看到韩国高等院校注重文学理念与现代创意写作形态的融合,其学科形态保持了高度的开放性,在跨学科的领域内与文学、媒体、艺术等学科紧密结合。

在日本,创意写作的发展大体上呈现出两种常见形态:第一种是在美国高等院校与日本合作的分校院系里开设创意写作课程,比如美国天普大学日本校区开设有创意写作和日本文学,这种设置类似于欧美常见的创意写作与英语文学的模式。相应地,其继续教育学院也开设有故事讲述方面的创意写作课程。这一办学模式与新加坡国立大学和亚利桑那州立大学合作的创意写作项目类似。第二种是日本本土高等院校的创意写作教育,例如日本横滨城市大学的创意写作课,还聘请美国作家、创意写作方面的教师Holly Thompson直接授课;Holly Thompson毕业于纽约大学,旅居日本并教授创意写作,这使得日本的创意写作发展能够在信息、教学模式上与建制最完备的美国在一定程度上保持同步。

与欧美、澳大利亚、新加坡相比,韩国、日本的创意写作课程建制基本完备,在结合本土文学经验方面,亦做出了许多尝试,尤其是在合作办学方面进行了很多国际化的尝试。就目前的文学教育改革而言,创意写作以学科的形式存在于中国、韩国、日本、新加坡不同层次的院校中,是在文学教育与创意能力培养框架下的一种有效探索。不过韩国、日本的创意写作,与欧美、澳大利亚相比,课程的多元化仍旧不足,尚有很大的发展空间。在中国,自从2008年以来,以上海大学、复旦大学、中山大学等高等院校为先导,也已经建立了多元化的创意写作学科,尤其是上海大学,除了拥有中国第一个创意写作研究中心——上海大学中国创意写作中心,拥有从本科、硕士到博士阶段的完整学科体系之外，还联合上海大学出版社设立了上海大学文化创意出版中心，其学科发展与社会实践密切结合，建立了产学研一体化的教研、实践机制，这使其学科建设更具有前瞻性①。

总而言之，就现阶段来看，无论是在国内还是海外，作为学科而存在的创意写作也存在一些发展和认同层面的问题，如《模棱两可：创意写作和学术期望》(*Betwixt and Between: Creative Writing and Scholarly Expectations*)中所指出的写作和研究之间的混乱与模糊问题，是我们不可忽视的。虽然创意写作迄今已经有百余年的发展历史，但它又处于成长期，作为新的学科，它的主要命题还没有完全得到考察、确定，它的术语、训练方法、学术化研究如何推进，都是关键问题。具体到中国创意写作学科建设的层面，也有它的特殊性，例如如何展开创意写作的基础理论建设，如何探究创意写作的实践路径，如何进行创意写作的学术化研究，亦非短时间内可以完全解决的。

---

① 响应"上海文创50条"，上海大学"文化创意出版中心"成立[EB/OL].[2019-07-08]. http://www.sohu.com/a/242157268_660700.

三、创意写作的发展方向

在讨论了创意写作的历史开端、存在形态之后,创意写作发展的问题就成为下一个焦点。我们认为,创意写作的发展与其历史开端、存在形态有着非常密切的关系。创意写作在发展过程中,其最初的目标与后来的发展必然是相互关联的,这会影响其存在形态和发展方向。

当前,创意写作的发展方向可谓是复杂而多元的,而且许多地方还存在争论。正如格雷戈里·莱特(Gregory Light)在《从个体到公共:高等教育中的创意写作概念》(*From the Personal to the Public: Conceptions of Creative Writing in Higher Education*)中指出的:"虽然创意写作作为正式的学科在英国和美国高等教育中都发展了很长时间,但其自身的学科阈限却仍未完全设定。"[1]尤其是,当创意写作跃出英语国家开始进入其他国家、地区的高等教育体系时,对创意写作的深入认识就构成了创意写作学科在这些国家、地区的本土创生的一部分。考虑到教育体系和文化传统的差异,在这个过程中常会出现不同的声音。

本章主要对文学教育、文化产业和文化创新这三个与创意写

---

[1] LIGHT G. *From the Personal to the Public: Conceptions of Creative Writing in Higher Education* [M]//MARGINSON S. *Higher Education*. Amsterdam: Kluwer Academic Publishers, 2002: 259.

作教育改革较为密切的发展方向加以讨论,以期能够通过这几个发展方向,对创意写作的走势有整体性的理解。

我们认为,在当前创意写作多元发展的态势下,这里所选取的三个发展方向,是创意写作进入 21 世纪以来不断演进的结果,是诸多前沿问题的焦点。作为文学活动的创意写作,与高等院校内的文学教育互为一体;作为创意活动的创意写作,与社会经济领域的文化产业互为支撑;作为学科存在的创意写作,要求我们从综合的角度,结合产学研三个方面对创意写作的发展问题加以考量,在更高的层面上,把文学教育、文化产业和文化创新视为一个动态的有机整体。

首先,当我们从课程的微观角度观察创意写作时,文学教育是创意写作学科建设的重中之重,新学科的创生与既有学科之间的衔接点正是文学教育的改革。文学教育是创意写作学科建设的基础,而创意写作又是文学教育改革的主要方向之一。其次,文化产业发展是当前文学教育改革的外部条件,当代文学教育的改革不可能脱离文化产业发展。对创意的重视及其相关实践,不可能脱离文化产业,同样,相关的写作训练及其教学评价,也不可能脱离文学教育这一语境。最后,如果创意写作学科的发展仅仅停留在文学原创和创意型写作人才的培养上,止步于课堂和产业的层面,那么就难以实现更高层面的文化创新。文学教育必须具有明确的实践通道,文化产业也需要可持续的人才供给,文化创新则又需要借助教育机制和市场机制的推动,才能更好地实现产学研一体化联动,成为一个机制化、系统化、可持续发展的闭环。

不难发现,创意写作的发展面向与其基本存在形态密切相关,其基本存在形态的演进就是其发展面向。文学教育、文化产业和文化创新，可以说是当前创意写作基本理论研究的三个最重要的内容，中国创意写作学科建设中遇到的诸多问题和争论，最终都需要回归到这三方面来进行讨论。文学教育通过系统地培养谙熟文化资源、具有一定文化原创能力的人才，可以为文化产业发展提供人力支持；通过教育的力量，不断地把有原创能力的文化人才输送到文化产业，反过来文化产业又为原创型人才提供发展空间，这类人才又能积极发掘既有的文化艺术资源，文化的发掘、保护、转化和创新有了衔接的可能。随着创意写作课程的不断拓宽，这类人才就构成了重要的文化创新力量。

因此，我们选取文学教育、文化产业和文化创新三个方向作为创意写作发展的主要面向，在产学研三位一体的理念下加以把握，从文化的发掘、保护、转化和创新四个维度进行考量，在创意写作发展的本土化与全球化语境中加以理解，探究创意写作充当文学教育改革的先锋、当代文化产业发展的驱动力、文化创新机制中的有生力量的可能性。

（一）面向文学教育的创意写作

创意写作的中国化创生，最初的语境是文化产业飞速发展下的文学教育改革。20世纪80年代以来，中文系的文学教育主要聚焦在两个方面：一是以学术研究为重心，包括文学批评、文学史及其相关理论研究，辅以语言知识和文学知识教育，主要培养学术型的人才；二是以应用写作为重心，如文秘写作就属于此列，为企业和机构提供了大量的人才。但是，随着社会经济结构和文化内涵的变化，文化产业在经济结构中的比例逐步增加，应用型写作人才的需求空间被压缩，能够从事创意型写作的人才出现了缺口。学术研究型人才虽多,但从事文学创意研究和实践的人才却出现了结构性的空缺,这就对中文系的人才培养方向提出了新的要求,进而推动了文学教育改革。

研究中国创意写作的开端和发展面向,不能忽略上述这个事实。只有厘清英语国家创意写作学科引入时的具体语境,才能深入把握其具体的发展面向。如果说20世纪80年代的写作教育作为文学教育的一个方面,为社会培养了大量应用写作人才的话,那么当前则转向了培养能够胜任文化产业发展的具有文化创意能力的高级人才。因此,如何从既有的语法修辞、文学知识和文艺理论为重心的文学教育中,突出作品本身的重要性,从课程改革、教学的层面上加以调整开始,强调文学创造能力的培养,成为现阶段文学教育改革的重要话题。

对于当前中国文学教育的状况,葛红兵明确指出:"中国没有严格意义上的高校文学教育,文学学科地位在中国从未独立。中国文学教育从来就没有与语言教育分离,处于未独立状态。中国没有独立的文学教育学科,中国文学教育同语言教育混融为'语言文学学科',文学教育亟待与语言教育脱钩独立。中国式'语言文学'模式培养的人才与社会需求严重脱钩,中国高校文学教育必须改革,以适应新的文化产业化发展形势。"[1]葛红兵的观点建立在他对中国文学史学科的深入理解、对文学史的历史性考察,以及对高等教育学科结构与创新问题的思考上。在对西方创意写作学科的建构与历史作考察的基础上,葛红兵进一步指出"以创造性写作为

---

[1] 葛红兵.中国文学教育亟待改革[J].山花,2010(6):34-35.

方向的独立文学教育学科"①的重要性,这是在对本土既有的文学史、文学学科教育梳理的基础上得出的结论。

我们可以看到,创意写作的中国化创生,其最重要的背景之一就是文学教育的改革,创意写作学科的引进,在一定程度上可以看作文学教育改革的探索。既有的文学教育中,文学原创能力没有得到足够的重视,语法修辞和文学知识方面的课程占据了主要地位。葛红兵指出:"目前的文学教育是'把文学当作意识形态'时代教育体制的遗存,是为培养'文学哨兵'服务的,以文学研究、文学批评为主,教授语言知识、语言修养,教授文学史知识和文学鉴赏批评能力,却不教授文学创造能力。"②

显然,当前中文系文学教育本身存在的结构性空缺,成了文学教育改革的切入点。在既有的课程理念和体系中,加大对文学创造的鼓励,突出文学原创能力的习得和培养,不仅在制度上、学理上是可行的,在实践上也有了现实基础。

文学教育的课程改革中对作品的重视,对原创能力的强调,必然会对写作技巧、创意能力激发方面的训练提出要求,进而形成体系化的课程,中国创意写作学科创生的这一环境,显然与19世纪末美国创意写作的发端,具有相当的可比性,它既有课程改革的内在驱动力,也有外部社会经济和文化层面的客观要求。

从宏观来看,创意写作进入我们的视野,并非偶然,它与我们语言文学教育的基本经验、基本问题紧密关联。自从晚清白话文运动、文学革命以来,文学教育的缺席和失重都是一个需要注意的

---

① 葛红兵.创意写作学科中国化的可能路径与存在问题[J].广西科技师范学院学报,2018(3):1.
② 葛红兵.中国文学教育亟待改革[J].山花,2010(6):34.

现象。陈平原对这个问题有着深入的观察，他指出："在大学的所有课堂中，'文学教育'本该是最为独特、最具诗性、最有情调、最不可能整齐统一的。它可以培养一代人的审美趣味，也可能隐藏着一个时代的政治风云；可以酝酿一场新的文学革命，也可能预示一代人的精神危机……"①在这里，文学教育与社会的文化革新、时代精神密切相关，与特定的教育理想也是分不开的。

纵观美国创意写作发展的历史，我们也不难看到，创意写作很大程度上是文学教育革新的产物，并且随着文学教育改革而不断演进。1880 年哈佛大学开设了现代意义上的创意写作课，1894 年近现代教育史上美国第一位美国文学教授弗莱德·刘易斯·佩蒂 (Fred Lewis Pattee) 进入宾夕法尼亚大学任教，使得英文系的教学和改革位列全国前列。在语言学、文献学、修辞学占据主流的 19 世纪末，佩蒂已经开始了他现代意义上的美国文学教育的探索。随着 20 世纪初美国进步主义教育的推进，创意写作进一步在高等院校确立了自己的独立身份，1947 年，华盛顿大学的创意写作课程由获得普利策奖的 Theodore Roethke 主导；1949 年，佛罗里达大学开设了创意写作课程，并开宗明义地说明教学目标在于培养作家②。根据这些现象，我们可以看到，创意写作随着文学教育的革新而演进，文学教育也随着创意写作教学形式、理念的丰富而更具价值。

20 世纪早期的美国院校，在开设了写作课之后，首先注重的是"创意"与"创造性"，以此来帮助学生完善自己的思考，激发创造性

---

① 陈平原. 作为学科的文学史[M]. 北京：北京大学出版社，2011：223.
② FSU Creative Writing[EB/OL]. [2017 - 10 - 12]. https://english.fsu.edu/programs/creative-writing.

思考,这既是教育理念的创新,也是写作学科自身的演进。在当代的视野里,文学教育也一直是创意写作课程的一个重要立足点。例如,戴斯蒙德·佩西(Desmond Pacey)的《创意写作在加拿大》(*Creative Writing in Canada: a Short History of English-Canadian Literature*)重点探讨了创意写作与本土语言文学教育的关系,还有凯瑟琳·H.亚当斯(Katherine H. Adams)的《专业写作教学在美国大学的历史》(*A History of Professional Writing Instruction in American Colleges: Years of Acceptance, Growth, and Doubt*)、杰拉德·西格尔(Gerald Siegel)的《CEA美国、加拿大写作项目词典》(*The CEA Directory of Writing Programs in the United States and Canada*)都说明了在教育学的视野中,文学教育与创意写作相关联。

美国文学史上著名的诗人阿兰·金斯伯格(Allen Ginsberg)也参与了写作课程的创生;1974年他和Anne Waldman在那洛巴创建了Jack Kerouac学院,提供写作和诗歌方向的学士学位和MFA学位;尤其是夏季作家项目(Summer Writing Program)在全球范围内享有知名度①。1987年创建的普渡大学,其文学教育拥有较为完善的课程体系和教学机制,学生在第一年和第二年完成基本的工坊练习、讨论课和相关课程,第三年进行创作实践,诗歌和小说都是学校认可的作品。孟菲斯大学的文学教育在创意写作的框架内按照三个方面进行划分:诗歌、小说和非虚构作品。其教学设计以工坊、主题领域创作(学生结合课程和自己的长处选取创作方向)为主,这样可以考察学生的掌握程度。这是开设创意写作课程

---

① About the Jack Kerouac School of Disembodied Poetics[EB/OL]. https://www.naropa.edu/academics/jks/about.php.

的高等院校的一般运作模式，它关注的是学生在这种创造性的文学教育中，能够获得一种基本的文化创造意识、创造能力。

在当代英语国家的创意写作学科体系中，创意写作是文学教育改革的先锋，它不断探索文学教育改革的可能方向，为文学教育注入新的实验精神，促进文学教育的跨学科发展。例如在英国利兹大学，创意写作课程与表演艺术专业密切结合，设立了面向表演艺术和出版的学位。以创意写作为切入点，传统局限在语言文学教育领域的写作课程与文化创意领域的出版、表演艺术实现了跨专业、跨领域的结合，这既是文学教育理念的革新，也是文学教育价值的拓展，使得文学教育能够更好地适应当前社会文化经济的变化。

我们看到，创意写作作为文学教育改革的探路者，其具备的潜在动力使其不会完全局限于语言文学教育，其还承担着本土文化经验传承的重任，并将把这种文化的积累转化为思想和文化产品。在这种情况下，文学教育一方面不断地汲取本土文化的各种资源和养分，另一方面通过创意写作使它转化为具体的文艺作品或文化产品，使得文化习得、文化转化和文化生产等诸多环节能够衔接起来。

创意写作作为文学教育改革的先锋，它具有吸收、转化和生产的重要功能，文学的实践和理论研究得以弥合。就创意写作的学科理念和实践方式而言，可以从以下几个方面加以理解：

首先，文学教育为我们提供了学习和了解文化的基本途径。文学教育必然会涉及既有的文学知识、文学审美、文学作品，它们是一个整体，是文学创作不可缺少的资源。文化创意的形成，离不开文学和文化素材的发掘、吸收、提取和转化，以作品创作为本位的文学教育,可以为文化创意提供专门的、基础性的原创训练,这是文化创意得以生产的重要基础。整体上,文学教育为我们提供了接触不同文化、艺术作品、文艺理论和创作方法的全方位训练,是文学创造和更大范围的文化艺术创造的基础。

其次,创意活动是创意写作重要的存在形态,文学活动本质上就是一种创造性的实践活动,文学教育中关于想象力和创意技能的训练,可以为文化创意提供良好的基础。例如,在文学教育中,形象思维、抽象思维等训练是重要方面,这些训练作为一种创意能力的基础训练,对于文化创意也同样重要。显然,文学教育是文化创意生成的基础,文化创意所需要的想象力、直觉能力等,都可以在创意写作教学系统中获得,并加以强化。换句话说,以创意写作为核心的文学教育,为文化创意人员提供了一种基础训练。

再次,文学教育提供的文学艺术理论的学习与创作实践密切结合,学员可以在具体的创作中反观既有的理论,也可以通过理论和方法层面的研究观照自己的创作,这构成了一个完整的系统。因此,作为文学教育改革产物的创意写作,其探索和创新并不在于否定既有的文学教育体系,而是产生重要驱动力,推动文学原创、文化产业和文化创新的良性循环。文学教育将本土文化中最具有情感、想象力的部分传承下来,对自身语言文化的创造性学习,即是培养文化的传承能力,培养基础性的创造力。

当创意写作可以依靠文学教育机制系统性地培养具有文化创意能力的写作人才时,既有的文学教育就迈出了破冰的重要一步。立足文学教育,注重写作人才的培养及其基础性创造力的习得,正是文学教育基本规律的新探索以及创意写作教育理念的进一步实践。创意写作本土创生要实现文学教育思想与创意写作教学形式上的突破,并非引援海外创意写作工坊制度那么简单,它会产生创意写作文学教育、学科设定、学科身份等一系列的问题。

一旦创意写作涉及文学教育问题,需要厘清两个问题:第一,文学教育和写作对本土文化资源的继承与发展的问题。创意写作对创意的突出,对文本生产、价值实现机制的融会贯通,对文学教育和文化的继承、创新都提出了问题。第二,文学教育在中国高等院校的地位和学术研究现状,是创意写作完善自身学科建制、确立学科合法性身份不能忽略的问题。因此,文学教育如果要有新的突破,还需要在高等院校语言文学教育改革与现代创意产业飞速发展的背景下,处理好这两个基础性问题。其中,文学教育的发展关系到创意写作对文学与文化的创造性能力的重新发现,而在学科实践方面,则需要理解写作规律、有实际创作经验和教学能力的团队来完成。写作工坊的确立即是立足于教学实践经验的结果。

最后,创意写作学科作为当前文学教育改革的前沿阵地,它对文学原创资源、文化创意生成和人才培养、文化创新都有重要的意义。创意写作对文学创造能力的强调是一个综合性的命题,既包括了对文学知识、文学理论和语言修辞的学习,也包括了创作方法训练和对文学创作资源的发现、转化的思维训练,这些训练不仅是文化创意的基础,也是文化创新的重要组成部分。文学教育具备这种不可替代的转化与创生的功能,是现代社会创意产业的核心价值。通过创意写作教育,学习者融会了审美精神、价值趣味、历史意蕴,这是学术研究和应用型写作教育所缺少的。通过创造性的阅读和写作,依靠教育机制和产业机制,把一系列的文学知识、文学素材转化为文化创意或文化产品,是文化创新机制的一部分。正因如此,创意写作学科的创生才具有学理上的合理性和社会基础。

(二) 面向文化产业的创意写作

在美国、英国、加拿大和澳大利亚等英语国家，随着20世纪80年代以来文化创意产业的不断发展，越来越多的高等院校开设了面向舞台表演、出版产业、游戏娱乐、电视广播、影视艺术方面的创意写作课程，并设立学位。这些创意写作专业同时提供文学教育和面向不同产业的类型化写作，以创意为核心要素贯穿了文学与创意产业，注重文学原创能力与创意实践的结合，为欧美的文化创意产业发展培养了大批高级写作人才。推动了既有文化资源的现代转化，把文学原创变成文化产业发展需要的创造性生产要素，这其中，创意写作的学科建设起到了重要作用，这对中国当前的文化产业人才培养和创意写作学科发展都有参考价值。

2013年，联合国教科文组织和联合国开发计划署发布了《创意经济报告》，对文学、文化与创意产业的关系给出了界定。其中，文学、音乐、表演和视觉艺术属于文化创意产业的核心文化表达层，电影、摄影等划分为核心创意产业，出版和印刷媒体、游戏产业、电视广播等则属于广义的文化产业，广告、建筑和设计等则为相关艺术产业①。

结合该报告的创意产业分类，同时参考英国和美国的文化创意产业分类，我们可以看到创意写作学科的设置与文化创意产业发展密切相关。英语国家开设了大量面向文化创意产业的创意写作课程，坚持文学原创与文化创意相结合、创意思维与产业思维相

---

① ISAR Y R. *Creative Economy Report: Widening Local Development Pathways*[M]. New York: UNDP, 2013: 3.

结合、文学教育与文化创新相结合,为国家文化创意产业培养了大批复合型的写作人才。这些创意写作方向培养出来的人员,掌握了文学、媒体和产业三个领域的创意技能,分布在文学、表演、影视、音乐、出版等对文化原创能力要求较高的行业,构成了新型的创意群体、创意阶层,成为文学创造、文化创意和文化创新的重要新生力量。正如美国学者马克·麦克格尔把高等教育体系内的创意写作描述为美国战后文化发展和创新的重要构成一样,当代英语国家已经确立了以文学原创为基础、以文化创意为核心、以文化创新为根本的创意写作学科发展战略。创意写作不仅成为文学原创的力量,而且是城市文化创意、国家文化创新的重要组成部分。

20世纪90年代以来,英语国家先后确立了文化产业发展政策和战略。特别是在美国、英国和澳大利亚,表演和出版产业成为文化创意产业的核心构成,面向表演和出版的创意写作教育也随之兴起。鉴于联合国教科文组织和多个英语国家都把表演和出版作为原创性和文化性较强的行业,以面向表演和出版专业方向的创意写作学科建设为观察角度,可以让我们看到多个英语国家创意写作最新发展趋势背后的动因和逻辑。

英语国家高等教育体系内普遍开设面向表演和出版的创意写作课程和专业,为创意产业培养了具有多元创意能力的人才,是文化创意产业与教育体系相衔接的重要路径。

在美国,科罗拉多大学开设有跨媒体艺术、写作和表演方向的博士学位,以实践为中心的教学,自然地衔接起写作、表演艺术和学术研究。卡耐基梅隆大学设有专门的戏剧写作艺术硕士学位(MFA in Dramatic Writing),加州大学洛杉矶分校设有面向电视、电影和戏剧的写作学位(MFA in Television, Film, and Theatre with an Option of Dramatic writing)，这些学位共同的特点就是以表演艺术为导向，为美国的文化创意产业培养了大批具有原创能力的写作人才。

除了上述高等院校之外，还有众多的院校都设有面向表演艺术的写作学位。例如，密苏里大学设有面向表演领域的写作学位，布朗大学开设专门面向表演的写作课程，加州艺术学院设有这个方向的专业艺术硕士学位。这类课程以表演艺术作为学科基础，以创意写作作为创意实践项目，将写作艺术教育和文学教育有机融合，成为文化创意产业复合型人才培养的重要机制。

同样，澳大利亚墨尔本大学的维多利亚艺术学院设有专门的表演写作硕士专业，格里菲斯大学也有面向表演艺术的写作课程，墨尔本大学则设有面向出版产业的写作学位。整体上，这些课程注重澳大利亚本土和海外作品的学习，写作技能和当代文化理论、表演理论都是重要的学习内容。

在英国，利兹大学的表演和文化产业学院开设有面向创意产业的多个创意写作课程方向，包括编剧、戏剧写作、电影电视写作，强调将写作中的想象因素跨界运用到多个文学和文化产业的写作类型中去，并且与学院的合作伙伴西约克郡剧场进行以创意实践为中心的写作训练，把创意写作教育与文化产业实践紧密结合①。

在利兹大学，亚当·斯塔克森(Adam Strickson)和盖瑞·里昂(Garry Lyons)的创意写作教学和研究较有代表性，他们在教学上明确文学创意与文化产业的关系，在实践上注重文学原创向文化

---

① School of Performance and Cultural Industries [EB/OL]. [2019-06-08]. https://www.pci.leeds.ac.uk/pg/.

产业的创意要素转化。值得注意的是,表演和文化产业学院对创意写作的研究,还包括了城市文化政策研究,注重探索创意写作教学的规律和创意写作本身的发展问题。

综合英语国家不断出现的面向表演艺术和出版的创意写作课程,我们可以看到,课程的参与者和教学者既是富有实际创作经验的创意型作家,也是工坊教学的实际主持者,他们的创作和研究工作贯穿了文学课程、表演艺术和文化产业三个领域,而把这三者有机衔接起来的就是文化创意产业。

表演和出版作为文化创意产业的核心领域,其关键就在于以创意为生产要素,创作者以生产者和创意者的身份存在,促进文学原创与创意教育、文化产业的有机结合,这正是英语国家创意写作学科发展的新趋势、新景象。

如果说表演和出版是文化创意产业的重要构成部分,这个方向的创意写作学科建设是我们理解英语国家创意写作发展趋势的第一步,那么在更大范围内考察创意写作学科发展状况,我们就不难发现,这一方向是面向文化产业的创意写作学科的起始。

目前在英语国家,如美国、英国、加拿大和澳大利亚等,对创意产业的具体定义和政策存在一定差异,然而其创意写作课程的设定和学位的设立都直接面向文化的产业化发展、文化创意创新,其内在发展逻辑是一致的。

美国爱荷华大学面向本科生开设有创意写作和新媒体与创意写作和音乐创作等课程。新媒体写作和音乐创作人才,是都市文化创意产品的重要创造者。音乐、文学和新媒体在创意写作的学科框架内实现了跨学科的综合,以创意为核心的原创能力对接了文化产业链上的多个行业,它保障了文学想象和音乐文化、媒体创意之间能够相互流通，对文化产业生态的塑造和可持续发展具有重要意义。美国芝加哥的哥伦比亚学院开设有喜剧写作和表演课程，喜剧的写作和表演、导演结合在一起，直接面向文化创意产业领域。

美国创意写作的学科建设和文化产业的结合，不仅仅是表面上把不同的产业关联起来，其背后更是关系到对文学、文化和创意的现代转化的深刻认识，在理论和方法上确立了以创意为根本的由创意写作驱动、文化创意衔接，使文化创意产业推动国家文化创新的观念。

在英语国家，创意写作和文化产业的背后蕴含了三组重要的关系：从传统语言文学教育领域发展起来的创意写作和文化创意、文化产业、文化创新的多元共生关系。这三组关系互为支撑、共同发展，创意写作学科建设的动力、理论研究和实践路径都贯穿其中。

英国创意写作学科实力领先的巴斯泉大学，本科开设有创意写作和数字媒体课程和实践性较强的创意企业项目。另外开设的创意计算机学位侧重游戏开发和设计，把创意写作作为核心学习内容，课程设计思维以产业导向为引领。创意产业涉及的媒体技术、游戏设计和创意写作共同构成了新的人才培养框架。

英国南安普敦大学开设的创意产业写作课程，其目的是使学生了解作家和创意产业的关系，使得具有写作能力的作家了解创意产业的写作特点。创意写作者需要把既有的文学想象、文学创作方法和创意产业的特点相结合，把文学创意转化为创意产业需要的生产要素，从而实现文学原创向创意产业的现代转化，这个时候作家就变成了创意阶层的一员。

英国朴次茅斯大学开设的创意写作本科课程包括培养诗歌作者和创意产业需要的影视剧本作者以及文案写作，该专业毕业的学生可以从事广告和营销、电影脚本、艺术和事务管理等各种创意性工作。

澳大利亚的南澳大学创意产业学院把创意写作和文学列为文化产业方向的课程。纽卡斯尔大学开设的创意产业本科课程则围绕写作和出版进行，强调类型明确的创意和专业性的写作，包括诗歌、非虚构和不同类型的专门化写作训练。西悉尼大学开设的文化产业专业同样注重创意写作和文学、媒体艺术的结合。

昆士兰科技大学创意产业的本科毕业生，可成为创意作家。创意产业专业培养的创意作家具备熟悉新媒体、创意产业理念和文化创意的多元化的能力，可以在创意产业担任重要的创意工作，文学的写作能力、文化的理解能力和创意的生成能力，得到了很好的结合。

新西兰尼尔森理工学院开设有一年制的面向创意产业的写作教育课程，掌握媒体写作的技巧以及剧本写作和其他类型化的写作技巧是该学历教育的核心要求。

综上所述，20世纪70年代以来英语国家出现了大量的面向创意产业的创意写作课程和学位，这一现象构成了英语国家创意写作的文化创意转向，它是随着全球范围内创业产业的高速发展而出现的，是创意写作在当代发展的新阶段。

进入21世纪以来，在保持了诗歌、小说等文学原创人才培养的基础上，英语国家创意写作的发展越来越突出面向创意产业的写作课程、工坊和学位的建设。这一现象的背后是文学原创力量向文化创意的跨学科、跨空间、跨领域的转化。文学原创不仅是文化生产的构成，而且为文化产业的发展提供文化创意，培养具有文化创意能力的高级写作人才。这些创意实践和人才培养，反过来又构成了英语国家创意写作发展的理论创新，使得创意写作学科在整个高等院校的学术体制中占有一席之地。

英语国家创意写作发展的最新经验和发展战略，有值得中国创意写作学科建设学习的地方：

一是以文化产业发展为契机，促进文学创作和文化产业的融合，建设面向文化产业的创意写作课程和学科。70 年代以来，特别是 90 年代后英语国家的文化产业发展成为经济增长的重要驱动力，面向文化产业的创意写作学科的创建成为这一阶段的鲜明特点。

二是发展文学教育的同时，引导文学创意向文化创意转化。英语国家创意写作学科的教师和工坊主持人，都有长期的文学、文艺创作经验，同时又拥有丰富的文化产业领域的从业经验，在创意实践的过程中能将文化产业需要的文化创意作为重点。

三是英语国家的创意写作在理论与实践上，以创意为核心，明确了从文学原创到创意产业和文化创新的理念，厘清了文学原创对文化生产和文化创新的意义，初步确立了创意写作教学研究的学术价值和在创意实践领域的影响力。近年来英语国家的创意写作研究受到越来越多的关注，比如英国利兹大学表演和文化学院在创意写作教学规律、创意写作和文化产业、工坊教学和人才培养上都有了系统化的研究，这意味着创意写作学科的发展及其创意实践不再是单纯的文学教育问题，而是已经发展出了明确的术语、问题意识和实践方法。

回到中国创意写作学科的创生过程，我们可以看到创意写作与文化产业密切的关系。从2008年上海大学葛红兵教授提出建立创意写作学科以来,中国创意写作学科十多年来发展迅速。北京大学、复旦大学、南京大学、中山大学、北京师范大学和华东师范大学等国内知名的高等院校,都迅速建立了创意写作学科,尤其是上海大学,这是中国第一个拥有创意写作博士点的大学。中国创意写作学科的发展和建设,与21世纪以来英语国家的创意写作发展有着密切关联。葛红兵早年在英国剑桥大学访问,在了解了英国创意写作的发展后,回国就准备创建中国的创意写作学科。葛红兵和中山大学的戴凡教授、复旦大学的著名作家王安忆是中国创意写作领域的代表人物。

上海大学以英语国家,特别是英国和澳大利亚为借鉴,在强调文学创作的同时,高度重视面向文化产业的创意写作学科的建设和人才培养。中山大学戴凡教授主持的外语学院的创意写作,则代表了中国创意写作的另外一种努力,在发展理念上借鉴中国香港和澳大利亚的创意写作的工坊模式,采取国际化写作营模式,培养能应用英语进行创意写作的中国学员,构成了中国创意写作教育的重要路径。著名作家王安忆领衔的复旦大学创意写作学科,非常重视文学原创人才的培养,在教学模式上接近美国爱荷华大学的作家工坊和哥伦比亚大学的创意写作教育模式。这三所大学是较早开展中国创意写作的,它们基本代表了中国创意写作学科建设第一个十年的三种重要模式。

英语国家面向文化产业的创意写作发展趋势,对中国创意写作教育和学科建设具有重要启示。首先,在学科理论层面,明确创意写作与文化产业、文化创新的关系,为创意写作打开更广阔的发展空间,这是创意写作在中国继续发展所必须厘清的学理基础,也是创意写作未来发展的可能方向。其次,在创意写作课程体系、工坊建设和人才培养方面,注重文学创作的同时,需要建立面向文化产业的创意写作课程和学位,为创意城市培养具有专业写作能力,精通文学、新媒体和创意产业实践问题的复合型写作人才。再次,立足创意写作学科建设,培养面向创意产业的写作人才的同时,加大文学创意和创意学学科研究,继续探索本土文学资源的转化问题,这关系到文学教育改革和文化创新能力培养。如何使拥有文学原创能力、熟悉文化创意产业写作特点和具有文化创意思维的人才成为中国文化产业发展与本土文化创新的创意阶层,是值得我们思考的问题。

(三)面向文化创新的创意写作

一般意义上,文化创新主要是指基于文化发展的理念,运用创新思维,在文化的传承传播、研究方法、实践方式、生产机制等方面进行的各种创新性实践,它们是文化可持续发展的重要组成部分。在当前,文化创新的重要问题之一,就是以本土文化的创造性转化为着眼点,实现既有文化资源的当代转化。

我们看到,创意写作从它诞生之初,就与文化创新的精神密不可分。在19世纪前期,它最初作为美国文化独立发展的重要途径而被提出。美国独立之后,在思想文化领域尚没有属于自己的立足点,美国文学时代也未开启,正是在这一背景下,爱默生认为美国文学需要追求自身的合法性和独立性,由此提出了"创意写作"和"创意阅读"的理念。在斯坦福大学英语系教授麦克格尔的研究中,创意写作则是美国战后文学、战后文化发展的重要组成部分。

在当代创意写作研究领域,创意写作与文化创新的关系也是一个前沿问题。在《创意写作心理学》(*The Psychology of Creative Writing*)一书中,丹尼尔·内特尔(Daniel Nettle)把写作视为一种文化创新活动①。文学原创作为一种创造性的文化生产活动,它不仅仅是个体想象力和叙事能力的展现,也是整个文化更新、发展的基础,它是一种基本的、普遍的文学创造工作,属于宏观层面的文化创新。

创意写作与文化创新这一组命题中,蕴含着两个重要的维度,即文学创意与文化生产。从微观来说,创意写作教育虽然包括了很多跨学科的课程方向,但是其核心在于文学创意,这与它的历史发端和存在形态是分不开的。文学创意是其他更多元化的、高层次的、综合性的创意的基础。从宏观来说,创意写作通过对文学创意的重视,创造出多元化的原创作品,它是文化生产的一部分。

在这组关系中,文学创意是文化生产的重要组成部分,文化生产是文学创意的创造性转化通道。首先,从文学创意来看,原创性的文学活动是文化创新的一种重要形式。文学创意作为一种创造性的文化活动,涉及对既有文化资源的发掘和转化,这正是一种基本的文化创新实践。其次,从文化生产来看,创意写作的原创性工作是一种基本的文化生产活动,由于其创造性,它可以被看作文化创新的一种基本实践。例如,澳大利亚阿德莱德大学的英语与创意写作课程,强调通过该方向的学习和研究,观察文化生产对社会和个体身份的反映与塑造。文学创意作为一种重要的文化生产活

---

① NETTLE D. The Evolution of Creative Writing [M]//KAUFMAN S B, KAUFMAN J C. *The Psychology of Creative Writing*. Cambridge: Cambridge University Press, 2009: 101.

动,它不只是单纯的文学写作和出版,而是与文化观念更新、文化创造紧密关联。

在当代,创意写作并未把自身局限在课堂之内,它在面向文学教育和文化产业的同时,借助教育机制和市场机制的双重力量,培养具有文化原创能力的写作人才,这些人才具有创造性转化本土文化资源的能力,是当代文化创新体系中的重要力量。具体而言,创意写作之所以具备这种力量,与它学科内部多元化的课程分支和实践方式是分不开的,这使得创意写作能够在文化资源的发掘、保护、传播、转化等多个层面发挥积极的作用。例如,澳大利亚的本土知识与教育中心(Australian center for indigenous knowledge & education)开设了创意本土写作的课程。该课程鼓励本土作家通过文学创造书写自己的文化,向外界发出自己的声音,本土的文化经验在创造性的书写过程中得到新的解释和传播,这本身就是对既有文化的一种再发现、再创新。当学员获得文凭之后,他们可以进入创意写作和出版行业就业,文化的发掘、生产和转化构成了一个完整的系统化的创新机制。

创意写作在当代的一个重要走向就是本土文化的发现和转化与创意写作的深入结合。创意写作通过多元化的原创训练,不断地去发掘和转化既有的本土文化,这种再发现和创意转化是文化创新的重要基础。加拿大的英属哥伦比亚大学开设有本土创意写作方向的课程,此类课程既有创意写作课堂一般的创作方法训练,也有针对本土文化的创意转化的新型探索,关注本土文化的再生与更新,使得该课程的教研与既有的学术研究或商业化的应用型写作有很大区别。无独有偶,特伦特大学也开设有本土文学与创意写作方向的课程。特点在于强调对传统和当代的本土叙事的发现与创作，本土文化通过创意写作而源源不断地得以发掘和转化。马尼托巴大学设有创意写作和口头文化中心，麦吉尔大学开设有讲述整合本土故事和创意写作的课程，创意写作已经成为本土文化资源转化、文化创新的重要途径。

创意写作通过文学教育，借助教育机制长期培养具有不同读写能力的人才，具有文化原创能力的人才的基数不断增加，整个国家文化创新的基础也因此不断拓宽。特别是在高等院校之外，中等教育和初等教育以创意写作课程为先导，大规模地机制化地培养具有不同层次文学原创力的人才，这是整个社会创新机制构建的基础性工作。创意写作作为文学教育改革的前沿，其培养目标和教学重点聚焦在文学原创层面，使得文学教育具备了发掘文学资源、激发文学创意和培养原创人才的多重功能。这种文学原创不仅和文化产业内的文化生产有关，而且是一种文化创新行为。

此外，创意写作领域亦不乏对既有的文化遗产和城市文化的保护、创造性转化的实践。例如，在澳大利亚堪培拉大学创意与文化研究中心，创意写作、数字技术和当代文化遗产是重要的跨学科交叉研究方向，文学想象与创意实践共同构成其研究重心。在巴黎作家工坊的社会实践中，巴黎丰富的文化遗产则是其重要的活力来源。巴黎的文化遗产对于作家工坊而言，是一种可以被用于创作的历史积累，更是一种独特的文化资源、一种必需的创作资源。工坊就像是文学原创领域的一个实验室，它不断地从文化遗产中获取资源，通过创作完成对文化遗产的再发现、再传播和再创造。正是由于其独特的发展理念和实践方法，巴黎作家工坊吸引了包括爱荷华大学创意写作工坊主管 Samantha Chang，美国国家图书奖获得者、著名诗人玛丽琳·海克尔（Marilyn Hacker）等人参与其中①。

创意写作开始越来越多地与文化保护和传承联系在一起，已经成为创意写作研究和文化发展研究的重要方向。例如，教育研究领域的重要学术期刊《教育研究》（Educational Studies）发表了名为《印裔美国儿童创意写作：一种文化传承的方法》（Asian Indian American Children's Creative Writing: An Approach for Cultural Preservation）的论文，把印裔美国儿童创意写作的实践视为文化传承和保护的一种方法，对于解决文化冲突和建立新的文化认同具有重要意义。

爱沙尼亚发布的《面向2020年文化政策的一般原则》（The General Principles of the Cultural Policy up to 2020）中，在制定国家文化政策时把文学看作本土语言文化发展的支柱，它是其他文化延续和发展的基础。为了保持文学的这种积极作用，相关机制被加以鼓励，而其中重要的举措之一就是在不同教育层面开展创意写作教育，并把它纳入文学研究或其他学术性研究的范围。在这份文件中，文学创造是其他文化延续和发展的基础，而创意写作教育则是稳固这种基础的重要举措。

在文化政策和文化创新层面，创意写作的意义也得到不同国家和地区的文化机构、组织的重视。加拿大新布伦瑞克省发布的《创造性的未来》（Creative Futures）中，从事创意写作的人员被视为艺术组织中的重要构成，在文化的创造、生产和传播等过程中具有

---

① WICE. About WICE in Pairs[EB/OL].[2019-07-08]. https://www.wice-paris.org/WICE-About.

重要价值①。创意写作作为文化创造和传播的有机组成,它的存在不是单纯的文化消费和生产,而是和本土文化的发展具有不可分割的关系。英国艺术委员会考虑到艺术与文化对儿童和青少年想象力、自我表达及创造力的重要性,校园创意写作活动被列为一项重要的资助,为英格兰北部和西南地区的学校提供高质量的创意写作教育②。

在这些文化政策中,我们可以看到,创意写作作为一种创造性的活动,已经超出了课堂上的写作技巧训练与文学原创的范畴,成为文化建设的重要内容。英国艺术委员会认为,创意写作是青少年的一种基本技能,而不仅仅是一种局限在文学课堂之内的读写能力,它是诗歌、小说、歌词和剧本等文艺创作的根基。相应地,校园创意写作活动是文化创新的基础环节,如果缺少这些基础投入和建设,更高层面的文化创新就难以实现。

爱尔兰的《新创意爱尔兰项目》(New Creative Ireland Programme),把创意写作和表演艺术、音乐、电影等一起纳入文化资助和建设项目③。在亚洲地区,中国的各种文化政策中也不缺少对原创文学的鼓励和资助,如国家文化创新基金以及不同层次的扶持文学原创的基金,虽然没有像英国、加拿大等那样直接使用创意写作的概念,但文学原创对整个社会文化建设的重要性已经无可置疑。

---

① Province of New Brunswick. *Creative Future: A Renewed Cultural Policy for New Brunswick*(2014 - 2019)[EB/OL].[2018 - 09 - 08]. https://www2. gnb. ca/content/dam/gnb/Departments/thc-tpc/pdf/Culture/2014CulturalPolicy. pdf.
② Arts Council England. *Creative Writing in Schools* [EB/OL][2019 - 03 - 08]. https://www. artscouncil. org. uk/funding/creative-writing-schools.
③ Waterford City and County Council. *New Creative Writing Ireland Programme Funding Scheme 2018/2019*[EB/OL][2019 - 06 - 12]. https://waterfordarts. com/creative-ireland-programme-scheme-2018 - 2019/.

创意写作借助市场机制,不断地把文化要素转化为文化产业发展所需的生产要素,为文化产业的发展提供重要资源,使得文化产业成为文化创新的力量。文化产业借助市场机制所进行的一系列文化生产活动,本质上既是文化再创造活动,推动文化资源向新形态的文化产品转化,也是一种文化创新活动。创意写作在其中扮演的角色,即通过文学创意把既有的文化元素转化为创意要素。

创意写作以文学教育为切入点,培养原创人才,以文化产业为着眼点,用市场的力量驱动文化创新,两者共同构成了当前文化创新系统的重要力量。教育机制和市场机制成为文化创新的制度保障,一方面不断发掘和培养不同层次的原创人才,另一方面加速把这些人才纳入文化生产体系中,两者相互促进、相互支撑。培养创意写作高级人才,为文化产业输送原创力,是文化创新的基础环节。文学原创人才除了可以以个体身份参与文化原创工作,还可以进入文化产业,从事创造性的文化生产工作,两者并行不悖。

以创意写作的产学研一体化建设为支撑,创意写作学科中的写作工坊,是公共文化服务和城市文化发展方面的创新。

总体上,在既有的中文系教育格局中引入创意写作,不仅是教学改革的可行路径,而且是文化创新的基础部分。创意写作注重文学原创,它与影视、艺术创作一样,是文化创新的一部分。如果说文学教育是创意写作的发展根基,文化产业是创意写作发展的前沿阵地,那么文化创新则是创意写作的顶层设计。文学教育、文化产业和文化创新三者之间是共生、互联的关系,文学教育不断地培养原创人才,文化产业不断地进行文化生产,为原创人才参与文化创新提供机会。它们不仅在产业链、机制层和制度层相互嵌套、相互支撑,而且是一个有机体。

下篇
创意写作实践论

　　创意写作在过去一百多年的发展历史中,一直保持着学科扩张的姿态,不断地探索自身新的实践领域。从早期的作家工坊、创意社区,再到创意城市、创意国家,这四者构成了创意写作在当代全球化语境中四位一体的实践路径。

创意写作的实践路径，是由创意写作的本体论、存在论和发展论自然延伸出来的一个问题，也是创意写作基本理论问题之一。

创意写作从诞生之初，其重要学科使命正是为了解决文学教育中的理论与实践脱节的问题。创意写作的实践问题，实质上是对文学内在价值实现和外在沟通的双重探讨，关注在创意写作的实践中，如何让文学价值得以实现和转化，进入我们的生活空间、社会空间。这个过程即是创意写作项目和作家工坊与创意社区、创意城市和创意国家相衔接的过程。

在英语国家，创意写作工坊、创意社区、创意城市与创意国家之间不仅具有事实层面的关联，亦有学理层面的衔接，它们构成了以创意为核心的四位一体的实践路径。

创意写作工坊作为创意写作课堂教学的核心，它的实践范围扩展到了创意社区的发展与建设中，而创意写作无论是作为公共文化还是作为创意活动，又是创意城市发展中的重要力量，这些实践同时构成了国家文化创意发展的基础部分。以创意为本位的创意写作、工坊活动和各类创意实践，包括面向文化创意产业的创意写作，其本身就以"创意"为核心要素，贯穿了课堂、工坊、社区实践和文化创意、创新等各个环节。

对创意写作实践路径加以研究，从理论的高度加以把握，梳理其背后的逻辑和本质，才能更好地实现学科原创、社会实践和创新人才培养等问题的对接。目前,虽然对创意写作实践方式的研究已经有很多,但是如何从学理和逻辑上把各种实践途径统一起来,用理论思维构建实践模型,清晰地呈现创意写作实践的基本特点、未来发展,则需要深入研究具体案例背后隐藏的问题。

下篇立足英语国家创意写作实践的个案分析,对创意写作的学科形态、创意产业和城市文化发展的现状进行综合审视,从对既有的文化产业链与文学价值实现机制的分析出发,深入观察创意写作与创意产业的关系,并对现有城市文化发展、创意经济发展相关政策进行细读。

一、作家工坊：创意写作的核心机制

从结构与词源上看，工坊（workshop）这一词汇由 work 与 shop 构成，意思是指聚集在一起学习。在古法语中，中世纪欧洲的陶艺工坊（a potter's workshop）就采取学徒形式①。手工作坊采用的学徒制有一个鲜明特点，即注重在生产过程中打磨手艺、学习工艺知识和纠正制作手法的错误，在成品定型之前按照有经验的作坊主的指导不断修改、重塑，直到生产出满意的作品。这个过程并不要求学徒一开始就掌握全部知识和手艺，而是把创作看成一个可以不断启发、不断修正的过程，这种教学方法与后来 20 世纪初期迅速涌现的作家工坊具有相似的理念。

现代意义上作家工坊的出现，与欧洲近代以来盛行的文化艺术沙龙关系密切。在这种非正式的聚会上，不同文化背景的作家对其他作家的作品提出意见、评价，创作者则借助这个平台建立起与其他作家的联系，以获得更多的指导和认同，这种 18、19 世纪盛行的文化社交沙龙与中世纪的手工作坊一样，为作家工坊的出现提供了基础，或者说，从手工作坊到文化沙龙，它们是创意写作工坊的理想雏形。以史蒂芬·威尔伯（Stephen Wilbers）对爱荷华大

---

① WORKSHOP 一词的词源分析［EB/OL］.［2019 - 07 - 08］. http://www.etymonline.com/index.php? term = workshop&allowed_in_frame = 0.

学作家工坊的考察为例,作家工坊的前身可以上溯到1890年的作家俱乐部,如星期六午宴与时光俱乐部都是有代表性的文化沙龙①。在这些作家俱乐部的活动上,成熟的具有地位的作家、知名的出版商都会乐意为年轻作者提供意见,这种关系与作家工坊中导师与学员的关系已经很接近。随着作家们聚会和对写作的深入研讨、写作在高等教育系统的发展,作为一种教学方法和机制的workshop开始替代既有的传统聚会、沙龙性质的俱乐部。1897年,爱荷华大学开设诗篇写作课程时,就已经采用小组讨论的形式,它与现代创意写作课程普遍运用的工坊制类似。

在英语国家,经过百余年的发展,创意写作教学已经拥有数量众多、类型多元、教学机制高度成熟的各类作家工坊。按照类别,可以分为高校系统的作家工坊与社会系统的作家工坊;从教学方法、课程内容来看,可以分为综合性的作家工坊与专门性的作家工坊;从工坊展开活动所依据的媒介、场所看,则可以分为线上的数字作家工坊与线下的传统实体作家工坊。

在作家工坊中最重要也最为常见的是高等院校内的作家工坊。这类工坊大多归属于创意写作学科,以小班授课、主题和结构研讨、细节修改等为主要特点。这种授课形式既有早期作家俱乐部的传统影响,也与作家们固有的写作方式有关,可以说它立足高等教育机制化的要求,吸收了多种教育方法和写作教学的特点。因此,英语国家盛行的过程写作法得以发展起来。因为作家工坊的核心特点就在于民主化的集体讨论、意见交换,尤其注重在写作

---

① WILBERS S. *The Iowa Writers' Workshop: Origins, Emergence & Growth*[M]. Iowa City: University of Iowa Press, 1980: 19.

过程中逐步完善、解决各种问题,这是过程教学法的客观基础。

在创意写作领域,20世纪的作家工坊可上溯到乔治·皮尔斯·贝克(George Pierce Baker)1905年建立的剧本工坊——47号工坊(47 Workshop)。1887年乔治·皮尔斯·贝克毕业于哈佛大学,1888—1924年任教于哈佛大学,47号工坊就是在这期间创建起来的。1900年,贝克就主张学生用原创的剧本作品替代当时通行的研究论文,这一观点与作家工坊坚持自身的独立性和对创造性能力的重视密切相关①。47号工坊的建立,是贝克教学中的重要组成部分。它至少关系到两个关键问题:第一,作家工坊成为教学的重要构成,而不仅仅是形式上的;第二,作家工坊不仅是以写作实践的教学为主,而且在研讨环节还涵盖了对戏剧理论、写作理论的研究和运用。

后来的爱荷华大学作家工坊、耶鲁大学作家工坊、纽约大学作家工坊、米德尔伯里作家工坊等,在组织原则和教学理念上都与贝克的开创性探索一脉相承。高等院校内的作家工坊,一方面承担起日常教学任务,把各种理论研究放在工坊进行讨论,把对理论的研究和技巧的训练融会在一起,贯穿在写作教学的过程中,这就使得作家工坊能够平衡技巧训练、理论素养之间的关系。

在英国,圣安德鲁斯大学、东安格利亚大学、格拉摩根大学、巴斯泉大学、加迪夫大学、金斯顿大学、利兹大学都建立有自己的创意写作工坊,提供面向文学创作和创意产业子分类的各种写作类型的课程。英国高等院校内的作家工坊借鉴了美国的发展经验,

---

① BRYER J R, HARTIG M C. *The Facts on File Companion to American Drama*[M]. NewYork:Infobase Publishing,2010:50-51.

同时也发展出了自身特色,尤其是在面向表演艺术领域的工坊课程建设上,巴斯泉大学和利兹大学等,都注重将工坊教学与表演艺术领域的工作室、创新企业、公共性质的文化基金项目协同起来,使得工坊产出的作品能够与外部需求相符。

就创意写作教育而言,作家工坊可以说是现代创意写作运转的核心机制,是连接教室、社区、创意城市的重要媒介。工坊的存在,是写作技艺的提升、文学教育的培养、社会文化创意的生产的有效实现形式。作家工坊和社区写作实践,都是看得见、摸得着的为人熟知的形式,同时,工坊也是创意写作与文学公益性的连接点。例如,爱荷华作家工坊、哥谭创意写作工坊、巴黎作家工坊、伦敦作家工坊、旧金山作家工坊、号角工坊等,它们的学科实践已经不再局限于固定的教室,而是进入了图书馆、社区和城市文化日等公共空间。

近年来,在亚洲地区,特别是中国内地和中国香港,作家工坊的形式也越来越受到重视。例如,中山大学外语学院的作家工坊实践一直注重对作者原创能力的引导,引入海外驻校导师。上海大学注重探索适合本土教学的作家工坊制度,围绕创意写作如何教、教授内容、教学目标等,探索作家工坊的本土化,进行作品培育与基本理论问题的研究。

不过,作家工坊作为创意写作教学重要的实践形式,它天然地与外界的各种争论联系在一起,如"创意写作能不能教""创意写作的课程怎么设置""工坊到底还有意义吗"等问题经常会出现在公开的讨论中。关于第一个问题,科林·埃尔文(Colin Irvine)指出,英语写作课程的教学中,经常会出现无效性的指导,"写作课上有影响力的教师会力图消除对课程的批评,甚至与教学有关的问题的分析也被压制"①。第二个问题则更为普遍,即工坊小组的成员有时候并不能为地方提供有价值的意见,如此一来,工坊中的学员评议环节也就失去了应有的意义。关于第三个问题,以学生为中心的工坊教学,很容易产生一种类似于反智主义(anti-intellectualism)的、否定一切教师经验与教学规律的无序状态。

我们无法回避作家工坊中存在的这些现实问题,然而换个角度来看,我们认为工坊本身的发展现状可以对这个问题作出回应:工坊作为创意写作体系中最基础的教学模式,其对读写能力、创造性思维、写作技能的培养有多个目标,常见的是发展学员的读写、创作技能;就其教学目标和对写作技能的培养而言,作家工坊仍然是一种相当有效的形式,它摆脱了早期过于强调语法和修辞的刻板教学风格,能够很好地训练、提升学生的写作能力。当代高等院校的工坊越来越类型化,有针对性的创意写作训练,注重写作经验和学员未来发展相结合,在培养有创意能力的写作人才方面,已经取得了相当的成绩。工坊可以成为向广大群体提供读写能力教育、培养专门性的写作人才的基础工程。作家工坊有着自身清晰的教学原则、教学方法和基本理念,虽然争议仍旧存在,但创意写作也在用自身的实践回应这些争议。

作家工坊的发展现实促使我们思考创意写作与文学教育改革、创作能力的实现、生活就业的关系,这是对创意写作的基本问题进行梳理后,必然会面临的问题。一方面,写作是个性化、私人化性质比较强的创作活动;另一方面,写作也需要面对创作者自己

---

① DONNELLY D. *Does the Writing Workshop Still Work?* [M]. Bristol: Multilingual Matters, 2010: 130.

的内心和生活世界、社会空间。以工坊运作为主要实践形式,在此基础上为公众提供文学、审美教育和读写教育,本身即是创意写作在更广阔的生活空间、社会空间进行的实践。

二、创意社区：写作实践的新型空间

随着创意写作学科的不断发展，加上不少创意写作教育组织的出现，创意写作的实践范围得以拓宽，从最初的文学课堂走向了更为广阔的社群、团体、社区（community）。可以说，从作家工坊到社区，这是创意写作项目立足现实而迈出的坚实一步。以作家工坊和社区为出发点，创意写作的不同实践形式、不同活动体现出不同的现实价值。虽然在当前的社会语境中，关于community这一概念的具体所指有一定的差异，但是以特定区域的居民为对象的创意写作的实践方式是普遍存在的。

创意写作与创意社区的关系，主要体现在创意写作作为创意实践的一种具体形式，发掘并重构社区文化、丰富社区文化。在这个过程中创意写作作为社区文化实践的重要形式，为社区居民提供了写作机会，并把它在教育体系内发展出来的一整套写作内容带进社区，推动创意社区的建立。

创意写作与创意社区的这种关系的确立，有两个前提：一是创意写作在社区实践之前，立足于高等院校，除了既有的创意写作这一核心课程，在外部还需要多种成熟的、灵活的、适应不同社群的写作活动与课程。创意写作经过百余年的发展，在高等院校内以写作工坊的形式，在课程教学、创意激发、写作技能、故事构建等方面积累了大量的实际案例和经验，这些积累是创意写作进入实践环节,在创意社区构建自己的发展路径的基础。二是创意写作在社会实践的基础上,开始走出校园,以工坊等活动形式,进入社区等公共空间,并发展出在社区公共空间进行工坊活动、创意写作活动的运作机制和公众参与机制。

以美国为例,创意写作进入社区(社群)的实践具有详细的发展脉络。美国中央佛罗里达大学的教师特里·安·塔克斯顿(Terry Ann Thaxton)对创意写作的实践研究以及对战后创意写作实践路径的探索具有示范意义。塔克斯顿在《创意写作在社区》(Creative Writing in the Community)中讲述了美国创意写作发展的历史脉络,"创意写作为社区里的人们提供写作机会的历史很长。在1960—1970年间,美国国家艺术基金就组织了'诗人在校园'的活动,出资聘请诗人与研究生每周在公立中小学讲授写作"[1]。创意写作从校园走向社区,参与城市文化生活、社群文化建设的实践,有着明确的历史轨迹,在探索的过程中逐步推进,它在整个社会范围内的影响也越来越大[2]。

事实上,创意写作从二战之后到60年代,已经积累了丰富的创意写作社区实践经验。二战后创意写作开始走出校园,通过在社区的实践,拓展并丰富了它的发展路径。如唐·M.沃尔夫(Don M. Wolfe)发表的《创意写作能成为一种民主的艺术吗?》(Can Creative Writing Be a Democratic Art?)[3]是创意写作理论、实践方面

---

[1] THAXTON T A. *Creative Writing in the Community: A Guide*[M]. New York: A &C Black, 2014: 1.

[2] community,在英语中具有多重语义,其具体所指包括公共学校(public school)、社区中心(community center)等公共空间和社群,在具体的所指方面存在交叉,本书根据具体语境翻译为社区、社群、团体等。

[3] WOLFE D M. Can Creative Writing Be a Democratic Art? [J]. *The English Journal*, 1951, 40(8): 428-432.

的重要论文。论文记述了美国大学的写作指导课,"教员为53位伤残退伍军人开设英语课,其中11位军人截肢了……虽然教员被安排好去教书信写作和语法,但是教员很快放弃了这个程序,借助个人经验的视觉展现,教员从53位退伍军人年少时的树、地方、区域的简单描写开始讲课"①。教员讲授的课程,都与军人的经历密切相关。53位从战场归来的退伍军人,"其中只有三位大学毕业,很多人还没高中毕业……"显然,他们作为从二战中归来的退伍军人,在残酷的战争中经历了生死考验,现在正面临人生艰难的转折和选择,尤其是对伤残截肢的军人来说,这个过程尤为艰难。这个时候,在校园里,写作对他们来说重要的不是语法或体裁,而是一种创造性表达。1944年,美国国会通过《退伍军人权利法案》后,规定了退伍军人的教育保障,他们有了在大学校园接受教育的机会,这正是该论文的社会背景。此前,美国内战结束,退伍军人被安排的是学习英语语言,即学习普通的英语语法写作课,而二战之后大量的退伍军人进入校园,他们接受到的教育就包括创意写作课程。

20世纪60年代以来,创意写作与社区实践随着美国民主运动的发展和高等教育的改革不断发展,在实践方法和价值取向上有了自己的详细内容。在美国,非营利组织、社区学院、大学,还有全国的作家,都在社区机构提供创意写作课,大量非营利组织和志愿者作家都参与其中。他们在公立中小学、社区中心、救助场所、庇护所、监狱等地方提供免费的或低成本的写作课②。创意写作从校园走出来后,

---

① WOLFE D M. Can Creative Writing Be a Democratic Art? [J]. *The English Journal*, 1951, 40(8): 428-432.
② THAXTON T A. *Creative Writing in the Community: A Guide*[M]. New York: A &C Black, 2014: 9.

迅速地在美国的公共空间扎根,开始了自己创新性的实践之路。这些非营利组织依靠外来的资金支持和志愿者作家的理论支持,不断地在更大的社会空间内快速发展。高校教师也开始尝试把自己的写作课整合到社区实践中,以便能够为更多的人提供写作机会。

　　塔克斯顿对美国创意写作在社区的实践有详细的描述,并拓宽了社区文化服务的范畴,认为创意写作是一种公益性的社会实践。塔克斯顿说:"大多数人都把'社区服务'想象成在流动厨房提供食物,或者组织捐赠衣服。对于作家来说,社区服务就是你可以向社区提供你擅长的、你感到最有激情的:创意写作。"①创意写作是社区服务的创新,具备公益的属性,它可是创意写作在二战后的新的实践路径。托姆·弗农(Thom Vernon)在《出售:创意写作和公共利益》(*Selling It: Creative Writing and the Public Good*)②中指出:"文学的努力有一个私人的方面:我们自己进行阅读和写作。在这些建构性的读写空间,我们的想象力得以飞升。例如,研究已经说明,我们的想象能力与文学阅读是正相关的。我们总可以将个人精神的、心理的和情感的要素和经验带回公共领域。"③社区作为创意写作所进驻的公共空间,它不仅可以为居民提供基本的写作机会,还能将它在教育体系内发展出来的多种写作、阅读的技能,通过创造性的方式带给不同的社群,同时让自身的实践建立在更坚实的社会基础上。

---

　　① THAXTON T A. *Creative Writing in the Community: A Guide*[M]. New York: A &C Black, 2014: 9.
　　② HECQ D. *The Creativity Market: Creative Writing in the 21st Century*[M]. Bristol: Multilingual Matters, 2012: 178.
　　③ HECQ D. *The Creativity Market: Creative Writing in the 21st Century*[M]. Bristol: Multilingual Matters, 2012: 178.

塔克斯顿对创意写作在社区（社群）中实践的一般特点有清晰的理解。他认为，"以社区为中心的工坊与学术意义上的工坊是不同类型的"①。社区工坊的意义在于它尽可能地去帮助不同社群，让他们能够在短时间内体会到写作的力量，并从中获得自己想要的帮助，而非使用学术标准来作评估。塔克斯顿在自己的创意写作教学实践中，注重灵活搭配创意写作课程，主张应用相关知识、技能，在社区开展实践活动，为幼儿、青少年、成年人提供与写作、创意技巧、洞察力相关的训练，让他们能够进行诗歌或故事的表达、书写。这些创意写作课程与写作活动具有鲜明的个性，并且都是根据不同社群、不同文化背景的对象而精心设计的。参与这些社区实践的人以居民为主，有孩子、退伍军人，也有老年人，他们成为写作课的学生。创意写作通过生产型文本、文学文本以及新媒体文本等，为社区、社群的文学、歌谣、口述、记忆、传记等作品提供保存、传播、存储、再创造的机会，能够为这些学生带来不同的人生体验，激发他们的生活热情。

塔克斯顿指出了这种实践的特殊意义："最终，学生通过写作的经验发现自然世界的风景也是内在的风景：在语言这个领域，他们可以漫步其中，并通过概念认识世界，以新鲜和直接的方式。"②

创意写作是创意社区的推动力，创意写作作为一种文学实践，是居民文化生活的重要组成。它从课堂出发，进驻社区和公共文化空间，可以丰富社区居民的文化生活，提供多元化的文学作品，

---

① THAXTON T A. *Creative Writing in the Community: A Guide*[M]. New York: A &C Black, 2014: 1.
② THAXTON T A. *Creative Writing in the Community: A Guide*[M]. New York: A &C Black, 2014: 1.

这些都是创建创意社区时所需要的珍贵资源。

从作家工坊到创意社区,这是创意写作项目立足现实的第一步。立足创意写作的社会实践,目前已有了如"为无家可归的人提供创意写作工坊"这样的社区实践项目,它由公益性组织负责实施,第一步是为相关人士提供食物和居所,第二步是提供基本的读写训练。这样的公益性项目还有玛格丽特·布尔格曼(Margaret Boegeman)为老年群体设计的创意写作实践①,接受课程的对象是60—80岁的老年女性。

如今创意写作不同层次、不同区域的组织和活动,构成了社会实践的重要内容。比如,联合国教科文组织在世界各地开展的读写能力培养项目,经济合作与发展组织(OECD)对部分国家和地区的人们读写能力的重视。在这些社会实践案例中,读写能力是创意写作公益性价值的着眼点,它从基础的读写能力和表达能力的培育开始,每一个环节都注重可行性和效果的可评估性,把写作价值落实在人们读写能力的实现上。联合国教科文组织还设有终身学习方面的项目②;美国科罗拉多州立大学设有公益性的读写中心③,它把写作工坊和公益活动结合起来,在社区和团体活动中,开设的代际讲述故事项目,具有相当的可操作性。立足于创意社区的理念,未来的写作将为文学价值的提升谋求更为丰富的社会实践空间和途径。

---

① BOEGEMAN M. Teaching Creative Writing to Older Women[J]. Womens Studies Quarterly, 1989, 17(1/2): 48 - 55.
② UNESCO Institute for Lifelong Learning[EB/OL]. [2019 - 07 - 08]. http://www.uil.unesco.org/.
③ Colorado State University[EB/OL]. [2019 - 07 - 09]. http://literacy.colostate.edu/.

三、文学之都：创意写作的创新维度

创意写作立足于对写作的创造性维度的重视，对写作与文学教育课程的重视，找到了它与社会实践、个体生活联系的途径。随着创意写作体系内子分类的不断丰富，创意产业的产业形态、产业链、价值链不断扩充、完善，创意写作的课堂教学实践、基本学科定位得以确立，在现代创意产业发展和文学教育价值被重新重视的情况下，创意写作作为一个学科，其基础性地位逐步得到认同。

当创意写作能够与我们的生活紧密联系时，它的发展就是可持续的。比如，英国威斯敏斯特大学开设的创意写作课程，有以书写城市为主要方向的学位，鼓励学生多视角、跨类型地书写城市，该课程由专业的作家、电视媒体人员、艺术家一起执教。在这个可持续的发展过程中，文学写作和生产型写作都在"创意"这个维度上对话、沟通。

2004年，联合国创意城市网络（UNESCO Creative Cities Network）项目成立，在创意城市的框架和理念下，开始推动文学之都项目（City of Literature Program），旨在促进全球范围内文化创意城市的交流协作和可持续发展。联合国教科文组织把全球范围内文化创意产业发达的城市划分为电影之都、音乐之都、文学之都、美食之都、设计之都、民间手工艺之都等七大类型。截至2018年上半年，有72个国家或地区的180个城市加入该发展框架。中国的上海、深圳、北京都入选设计之都,而杭州则入选民间手工艺之都,成都被认定为美食之都,而历史文化丰富、文化产业发展强劲的古都南京也发起了申请加入世界文学之都的一系列行动①。

表5-1 世界文学之都名录(2004—2017年)

年 份	城 市 名 称	国 家
2004	爱丁堡(Edinburgh)	英 国
2008	墨尔本(Melbourne)	澳大利亚
2008	爱荷华(Iowa)	美 国
2010	都柏林(Dublin)	英 国
2011	雷克雅未克(Reykjavik)	冰 岛
2012	诺威奇(Norwich)	英 国
2013	克拉科夫(Krakow)	波 兰
2014	海德堡(Heidelberg)	德 国
2014	但尼丁(Dunedin)	新西兰
2014	格林纳达(Granada)	西班牙
2014	布拉格(Prague)	捷 克
2015	巴格达(Baghdad)	伊拉克
2015	巴塞罗那(Barcelona)	西班牙
2015	卢布尔雅那(Ljubljana)	斯洛文尼亚
2015	利沃夫(Lviv)	乌克兰
2015	蒙得维的亚(Montevideo)	乌拉圭
2015	诺丁汉姆(Nottingham)	英 国

---

① 参见 United Nations Educational, Scientific and Cultural Organization. UNESCO Creative Cities Programme for Sustainable Development (2018) [R/OL]. [2019-07-06]. https://unesdoc.unesco.org/ark:/48223/pf0000264238?posInSet=14&queryId=b62c0266-40b6-4697-ba27-16141f8965df.

续 表

年 份	城 市 名 称	国 家
2015	奥比多斯(Óbidos)	葡萄牙
2015	塔尔图(Tartu)	爱沙尼亚
2015	乌里扬诺夫斯克(Ulyanovsk)	俄罗斯
2017	德班(Durban)	南非
2017	西雅图(Seattle)	美国
2017	米兰(Milan)	意大利
2017	魁北克城(Québec city)	加拿大
2017	富川(Bucheon)	韩国
2017	利勒莫哈尔(Lillehammer)	挪威
2017	乌特勒支(Utrecht)	荷兰
2017	曼彻斯特(Manchester)	英国

在联合国教科文组织全球创意城市网络项目中，文学之都是创意城市的重要构成。2008年10月，联合国教科文组织授予爱荷华文学之都的称号，这是继爱丁堡、墨尔本之后，被授予的第三个文学之都。爱荷华被授予文学之都的背后与它拥有的丰富的文学资源分不开。爱荷华虽然只是一座人口不到七万人的城市，却拥有丰富的多层次的文学资源，支持作家的各种创作活动。作家为爱荷华带来了巨大的文化声誉和丰富的文学体验。爱荷华每年从创意工作中获得的收益达169亿美元，并且带动相关就业高达195 464个[1]。爱荷华30%的人口从事创意产业工作。

---

[1] The Literary Community of Iowa City. *Application for Iowa City, Iowa, USA to the UNESCO Creative Cities Network* [EB/OL]. [2013-11-19]. http://www.creativechiangmai.com/downloads/unesco/iowa-application.pdf.

爱荷华大学作为创意写作学科的鼻祖，其通过创意写作来消除文化隔膜的举动则赋予了创意写作更加丰富的学科意义。从创意写作工坊到社区，不仅是形式上的扩展，也是文学公益价值的自然形成，这是由工坊向公共空间延伸、沟通、对话的重要通道。审美共通感、读写能力、文化经验，是文学公益性的内在发展逻辑。创意写作工坊和社区的公益性与创意城市、文化国家战略下的创意国家具备了对话、沟通的基础，通过文化服务和文化产品建立了实际的联系。

创意城市，具有如下鲜明的特点：第一，文学之都的文化产业高度繁荣，拥有许多文学出版机构；第二，在教育系统，形成了完备的系统化的教育机制，拥有很完整的文学教育的课程、学位；第三，在城市发展框架里，给了诗歌、戏剧等文学艺术很大的发挥空间；第四，在对外交流方面，文学之都皆建立了很好的国际交流平台、机制；第五，除了官方机构外，还有很多书店、图书馆以及第三方的民间机构推动文学的发展与传播；第六，除了出版本土作家的图书，还多元化地出版译作；第七，能够利用各种数字技术来传播文学作品[①]。这些特点是文学之都的基本条件，也是联合国教科文组织对文学之都的定位。

爱荷华以创意写作学科为基础，多年来培养了众多的优秀作家，他们构成了爱荷华乃至整个国家重要的文学原创力量，对美国当代文学的发展起良好的作用。据爱荷华大学官方发布的信息显示，自1955年以来，爱荷华的作家们已经获得超过25项普利策文

---

① UNESCO. Creative Cities Network [EB/OL]. [2019-07-09]. http://www.unesco.org/new/en/culture/themes/creativity/creative-cities-network/literature.

学奖;包括 Kurt Vonnegut Jr, Robert Penn Warren, Robert Lowell, Flannery O'Connor, Jane Smiley, Robert Hass, John Irving 等作家、学者都在爱荷华从事过教育、研究工作。这些作家、学者为爱荷华带来了巨大的文学声誉,他们也为当地居民提供了多彩的文化体验。

在爱荷华,文学已经成为城市文化生活不可缺少的一部分,文学获得了广阔的发展空间,城市因为文学创意而拥有了更加丰富的文化环境,这对城市文化发展和文化创新都有重要意义。爱荷华拥有世界上最有名的作家工坊——爱荷华作家工坊,它是世界上第一个创意写作的艺术硕士点。爱荷华城和爱荷华大学一起成为世界文学的重要地标、文学景观。在爱荷华这座文学之都,除了为公众熟悉的爱荷华作家工坊外,还有翻译工坊、戏剧工坊、非虚构写作项目、夏季作品节等。尤其是夏季作品节,它由不同的工坊组成,向公众开放,通过策划有创意的文学活动推动文学的多层次发展,以此丰富城市文化生活。在爱荷华,创意写作工坊不仅是一种课堂实践,而且具有公益性,在培养读写能力的基础上,对书写能力进行拓展。书写能力是现代社会每一个人成长、发展都需要掌握和不断提升的生存技能,不仅限于文学写作本身。爱荷华的少年作家工作室,是面向高中学生的夏季写作项目。除此之外,还有闻名世界的国际写作项目,全世界超过 120 个国家、地区的作家们曾来到爱荷华,其中包括海德、北岛、帕慕克等。

在爱荷华,创意写作工坊、社区与城市,建立起了贯通写作、教育、生活、工作、经济发展的良性循环模式。文学与创意产业的结合,工坊与生活实践的结合,立足于文学教育和写作技能的拓展,不仅创造出了丰富的社会文化服务项目,提供了丰富的文化产品,还为创意产业的发展提供了高素质的创意写作人才,从而带动相关就业。

爱荷华城的案例并不孤立,2012年英国城市诺威奇被授予文学之都称号,在此之前,联合国教科文组织将文学之都先后颁给都柏林、雷克雅未克等。在这些创意城市中,文学和电影、音乐等艺术一样,成为创意之城的重要组成部分,文学、诗歌、戏剧在城市生活中扮演重要的角色。文学、写作作为社会文化的基本驱动力,开始在更广阔的社会空间产生影响力。从我们熟悉的作家工坊,到社区、城市、国家,它们之间的多维度联系和相互影响,共同塑造了今天的创意写作系统。

诺威奇被授予文学之都称号,其中一个重要的原因在于文学成为这座城市的有机组成部分。诺威奇的人口有23万人左右,它是世界环境科学和艺术的中心,作为文学之都的历史甚至可以追溯到900年前。这座古老的文学之都,将历史文化与现代创意产业通过创意写作衔接起来,在写作和创意经济上都取得了非凡的成就。如今的诺威奇,活跃着大量的诗人、小说家、剧作家、传记作家、翻译家、文学批评家。从创意写作的文学公益性看,一个城市活跃着大量的不同类型的写作者,本身就是文学生态的重要体现。有了这些活跃的创作者,文学翻译、文学批评和文学理论才有良性的发展。

诺威奇城有一所闻名遐迩的重量级大学——东安格利亚大学。东安格利亚大学创建了英国历史上第一个创意写作学位[1],这

---

[1] HOLEYWELL K. The Origins of a Creative Writing Programme at the University of East Anglia, 1963-1966[J]. *New Writing*, 2009, 6(1): 15-24.

所大学是世界上许多重要作家写作和研究的舞台。

文学之都有三个最基本的特征：

首先，文学已经走出校园，被纳入整个创意城市的文化创新发展之中，文学创意成为公共文化发展的重要组成。比如，在墨尔本、雷克雅未克等城市，文学已经成为公共文化、市民文化生活的有机组成部分。文学走出校园，成为公共文化消费品，各种写作课程、写作游戏变成一种文化供给产品，以文学的力量为城市公共文化发展提供新鲜养分。

其次，文学成为整个城市创意力量的重要支撑，文学创意不断地向创意产业流动，文学想象转化为创意产业所需的生产要素。例如，在诺维奇、诺丁汉姆等城市，其文学活动为创意产业提供了大量人才，注入了新鲜血液。文学将本土文化的养分转化为创意产业所需的创意元素，形成了很好的循环。比如，诺丁汉姆大学开设有创意写作硕士、博士学位点，学生通过提交原创作品获得学位，人才培养与城市文化发展紧密相连。正如葛红兵所说的："英国高校的创意写作学科，在其中发挥了极大的作用，可以说，是这个学科的发达，造就的高层次创意人才，使得英国的创意产业有着独特的发展优势，而不仅仅是'英国的社会基础和文化传统为创意和挥洒个人才能营造了良好的氛围'。"[①]

最后，文学和城市发展战略产生了密不可分的关系，并对创意经济产生积极的影响。实际上，文学之都本身就是创意城市的特定形态。文学之都和电影之都、设计之都、民间手工艺之都一样，

[①] 葛红兵.中国为什么需要创意写作、创意产业[M]//新世纪批评家丛书：介入、创新、融合.上海：上海文艺出版社，2011：95.

与城市创意经济的发展联系密切。例如,墨尔本大学创意写作硕士点,通过学科教育不断为城市创意经济输出人才,又在此基础上,为城市发展提供创新动力支持①。

从整体上看,创意写作学科教育是基础,读写训练和不同形式的作家工坊,构成了城市创新力量的基础。课堂与工坊,不断地创造出新的文学作品,输送到创意产业与公共文化中去,对城市文化发展产生积极作用。

从细节上看,以学科建制比较完整的美国的爱荷华和英国的诺丁汉姆、爱丁堡为例,可以看到其读写课程、社区活动、公共文化节目之间,有很明显的层次与搭配,构成了一个有机的整体,类似于上海公共文化产品供给体系中的"文化套餐"。

文学之都的实践模式,一般都注重发掘文学的社会价值,将其转化为公众所需的文化产品。如爱丁堡拥有非常丰富的文学活动,包括各种阅读活动、文学大赛、文学节等。爱丁堡在转化本土文化资源方面,非常重视通过文学活动的层级化、系统化、模块化设计,以公共政策加以支持和引导,建立了非常完整的扶持与引导机制。

文学之都普遍注重文学创意在更大公共空间的实现。一方面文学实践尤其是创意写作可在社会层面发挥作用,另一方面可以实现文学与创意价值的循环创造。例如,爱荷华提供的文学活动和各种工坊活动、作品竞赛等,不仅面向校园,而且对社会公众开放。

---

① Master of Creative Writing, Publishing and Editing[EB/OL].[2019-07-08]. https://coursesearch.unimelb.edu.au/grad/1524-master-of-creative-writing-publishing-and-editing.

综合来看,文学之都在追求文学更大公共空间内的表现力的同时,也借助各种数字技术来推动文学与城市创意的融合。比如,雷克雅未克、墨尔本的公共图书馆活动都融入了大量的数字媒体技术,文学的力量被导入现代创意城市的文化生产机制中,这本身就是文学实践途径的一种扩展。尤其是墨尔本,最注重以数字技术推动文学与城市创意的融合。墨尔本创意类的工作职位就有"创意写作和社会媒体"①这个大方向。

文学之都大都拥有建制完整的创意写作学科,或者提供非常丰富的创意写作课程。新西兰的但尼丁,有面向社会的各种创意写作教育课程,能帮助写作者完善自己的作品②。但尼丁的公立图书馆还开设有面向公众的创意写作课程,这些课程是当地公共文化的一部分。此外,但尼丁的艺术中心还开设了创意写作工坊③,这些活动都是但尼丁日常公共文化生活的一部分。2015 年的但尼丁作家节,提倡把创作者的创意和好的灵感带进文学创作,开设了青少年写作工坊,欢迎不同身份的青少年参与其中④。除此之外,但尼丁的奥塔哥大学也开设有丰富的创意写作课,包括诗歌写作、创意非虚构类写作等⑤。但尼丁的创意写作自成体系,覆盖了课程、工坊、公共文化、城市创意等多个层面。尤其是新西兰图书委

---

① Creative Writing Jobs in Australia[EB/OL].[2018-10-12]. https://www.adzuna.com.au/search? loc=105392&p=2&q=creative%20writing.

② Creative Writing Dunedin[EB/OL].[2019-06-08]. http://creativewritingdunedin.nz/about/.

③ 114-Creative Writing Workshop with Charrie Hazard Moscardini[EB/OL].[2019-07-06] https://www.dfac.org/classes/course-details.cfm? course_id=1509.

④ New Zealand Young Writers Festival 2015[EB/OL].[2019-05-07] https://youngwritersfest.nz/.

⑤ University of Otago[EB/OL].[2019-07-09]. http://www.otago.ac.nz/index.html.

员会实施的让新西兰作家群体进入校园的计划,构成一个连贯的写作人才培养和教育框架。

在英国,文学之都诺丁汉姆的 Maggie's Centre 提供带有公益性质的创意写作活动,参与者的作品还被收集起来。社会组织提供的创意写作课程成为城市公众文化的一部分。诺丁汉特伦特大学设有创意写作学位,而诺丁汉姆大学还拥有该学科领域少见的创意写作博士点。

文学实践与现代城市的创意密切相关。北欧的文学之都雷克雅未克早在 2008 年就开设了创意写作方面的课程,随后还设立了硕士点。

波兰克拉科夫的创意写作教育和学科建设,为这座城市的发展提供了新生力量。克拉科夫官方提交文学之都申请文件时说:"创意写作方面的研究,将允许学生们获得文学能力,以及语言写作和修辞能力,这些将是克拉科夫创意产业发展的重要组成部分。"①

由此可见,无论是创意写作的鼻祖爱荷华,还是英国的诺维奇、新西兰的但尼丁、冰岛的雷克雅未克、波兰的克拉科夫,在全世界范围内,创意写作对城市文化发展和创意经济发展都有重要意义。这些案例,为我们提供了丰富的实践经验。这些文学之都的模式,可以为中国本土创意写作学科的创建及其社会实践提供丰富的启示。

---

① Krakow:UNESCO *City of Literature*[R/OL]. Krakow:the City Council with the Municipal Resolution on the Krakow UNESCO City of Literature Programme[2019 - 07 - 05]. http://krakowcityofliterature.com/city-of-literature/.

四、创意国家:创意写作的顶层规划

1994 年,澳大利亚政府的文化政策中已经提出了"创意国家"的概念。2013 年,澳大利亚又在"创意国家"的基础上,提出了"创意澳大利亚"(Creative Australia)的概念,它是澳大利亚政府 2013 年文化政策的新趋向。澳大利亚的主要城市墨尔本,本身就是文学之都。墨尔本大学的创意写作本科教学注重对学生内在潜力的发掘,提供的专业方向有创意写作、编辑出版等。墨尔本大学创意写作学科的建立和发展,其具体的教育理念与创意国家的文化政策紧密相关。写作不仅仅是文学创作,它是信息社会中必不可少的一种基础技能和素养,这使它具有了应用性、人文性的双重价值。

在英国,1997 年工党大选时已经提出发展"创意产业",1998 年英国前文化部长克里斯·史密斯(Chris Smith)出版了《创意英国》(Creative British)。对文化创意产业的鼓励,成为英国 90 年代以来创意写作发展的重要历史契机和发展动力,面向文化创意产业的创意写作学科不断涌现。英国的金斯顿大学设立了创意写作与创意经济的硕士学位,采用工坊教学,开设创意产业及各类高级写作课程[1]。金斯顿大学的创意写作在英国闻名遐迩,它以探索者

---

[1] Creative Industries and the Creative Economy Postgraduate Courses[EB/OL].[2019-07-06]. http://www.kingston.ac.uk/postgraduate-course/creative-writing-creative-economy-ma/.

的姿态,根据英国创意经济和国家政策的变化,调整自己的定位,确立了非常完整的以创意教育为核心的创意写作学科体系,不断为英国创意产业培养各种具有高度创造力的写作人才。与此同时,英国布鲁内尔大学也提供了类似的课程,创意写作与文化产业方面的课程注重培养兼有创意写作能力和了解文化产业创意需求的学生①,注重发掘学生的创意能力,并将这种能力的训练置于实际的创意经济体系之中。

英国和澳大利亚作为最早提出创意城市、创意国家的国家,很早就开始实践并注重创意写作的基础性作用,以及它在推动创意文化、创意城市、创意国家发展中所扮演的角色。正如葛红兵说:"在英美,这个学科非常发达,可以说正是这个学科的发达为文化创意产业的发展提供了源源不断的核心从业人员,才有了英美的文化创意产业,换而言之,英美文化创意产业优势实际上是其创意写作学科优势造就的高层次创意人才优势的体现。"②要培养大批具有文化创意能力、能够胜任创意产业发展的高端写作人才,就要以各种写作和生产型的创意文本的创作为基础,着眼于既有的本土文化资源的创造性发掘与再生,立足于文学生态与公益性,将本土文化资源进行创造性的价值转化,在创意产业为高端写作人才寻找生存和发展的空间,在此基础上形成文化的创造性再生。

创意写作人才对本土的文化经验、资源相当熟悉,并且能够进行创造性的运用,以此创造出具有鲜明地方特质的文化产品。当

---

① Creative Writing MA[EB/OL].[2019-06-08]. http://www.brunel.ac.uk/courses/postgraduate/creative-writing-ma.

② 葛红兵.中国为什么需要创意写作、创意产业[M]//新世纪批评家丛书:介入、创新、融合.上海:上海文艺出版,2011:90.

这个群体的基数足够大,他们就会是在现代创意产业和文化软实力竞争中的中坚力量。他们的创意能力能够带动居民文化消费水准、文化鉴赏能力、思维能力的提升,从而形成整个社会的文化创新、科技创新。

创意写作以其具体的实践从创意写作工坊进入创意社区空间,并提供公益性的文化服务产品,其以"创意"为主要特征的创意写作实践,与城市创意空间、生活空间、创意技术紧密相连,保持了敏锐的反应速度,通过让文学置于创意生活、城市空间中,赋予文学新的现实性和时代性。

创意写作这种丰富而活跃的力量,对文学价值的发掘及其所坚持的理念,正像安迪·格林(Andy Green)所言:"在当下,成功的组织要么能够完美地预知未来的发展趋势,要么以其灵活性迅速地对新出现的机会作出回应。"[1]创意写作正是将自身置于这个高度活跃的空间中来审视自身发展的可能性。无论对于城市还是欠发达地区的城镇,读写能力与文学教育在国民教育体系中都是基础工作。

同时,我们也应该看到,创意写作从教育与创作实践出发,为公众提供的文化服务与创意城市的发展密切相关。要实现创意写作的学科愿景,就要从整个创意产业的发展机制和公共文化生成机制来理解。

从创意写作工坊到创意国家,这是一个涉及文学教育、写作教育、创意能力培养、创意人才发掘的过程。从文学与文化资源的可持续发展来说,我们需要借鉴海外创意写作发展过程中的不同案例,深

---

[1] GREEN A. *Creativity in Public Relations* [M]. London:Kogan Page Publishers,2009:237.

入理解写作工坊的运作特点以及社区活动、公共文化服务的内容,特别是不能忽视中国城市公共空间与英语国家城市公共空间的差异。

哈尔·布莱斯(Hal Blythe)和查理·斯维特(Charlie Sweet)在《写作社群:创意写作课堂的新模式》(*The Writing Community: A New Model for the Creative Writing Classroom*)中提出了新的创想,给出了写作社群(writing community)的设计方案,认为"写作社群似乎为将来的跨学科的课程实验提供了丰富的可能性"①。以某种特定群体内的创意写作实践为基础,创意写作才能在更广阔的公共空间内进行实践。当社区、社群的实践模式和本土运作成熟起来,才能为创意城市和创意国家提供公益性的文化服务、文化产品。

工坊机制是创意写作在现代教育体系中的核心构成,以工坊机制为创新动力,以研讨会、访问作家等形式为教学拓展方式,创意写作可以为一般的创意活动、创意产业提供创意和人才。同时,工坊也是现代创意写作的核心教学机制,是一种灵活的实践形式,社区、城市则是创意写作存在与实践的基本空间。从最基础的文学活动、创意活动,到宏观层面的创意产业、创意城市、创意国家战略,衔接点正是作家工坊所注重的"创意",创意作为一种可流通、可变现、可转化的要素,实现了跨艺术类型、跨产业链的跨时空转化,存在于工坊创作、社区实践和城市文化发展中,同时也是文化创新的基础。

从工坊到社区,再到创意城市、创意国家,创意写作的创新能力在提升,随着工坊机制的不断演化,创意工坊—创意社区—创意城市—创意国家的发展脉络使创意写作的实践呈现出四位一体的发展路径。

---

① BLYTHE H, SWEET C. *The Writing Community: A New Model for the Creative Writing Classroom*[J/OL]. [2019-06-05]. Durham:Duke University Press,2008,8(2):323. https://muse.jhu.edu/article/238620.

参考文献

[1] 葛红兵.创意写作学的学科定位[J].湘潭大学学报(哲学社会科学版),2011(5):104-108.

[2] 葛红兵,许道军.中国创意写作学学科建构论纲[J].探索与争鸣,2011(6):66-70.

[3] 葛红兵,上海大学创意写作丛书总序[M]//马克·麦克格尔.创意写作的兴起.桂林:广西师范大学出版社,2012.

[4] 葛红兵,高尔雅,徐毅成.从创意写作学角度重新定义文学的本质:文学的创意本质论及其产业化问题[J].当代文坛,2016(4):12-18.

[5] 葛红兵.中国为什么需要创意写作、创意产业[M]//新世纪批评家丛书:介入、创新、融合.上海:上海文艺出版社,2011(7):90.

[6] 葛红兵.中国文学教育亟待改革[J].山花,2010(6):34-35.

[7] 葛红兵,高尔雅,郭彩侠.高校中文教育改革与"创意写作"学科建构[J].当代作家评论,2014(5):180-186.

[8] 葛红兵,高尔雅,徐毅成.从文化工业、文化产业到创意产业:论创意产业的本质界定[J].天府新论,2016(3):126-131.

[9] 葛红兵,刘卫东.世界文学之都的启示:上海文化原创力培育与公共文化发展[J].探索与争鸣,2014(12):78-81.

[10] 葛红兵,刘卫东.从创意写作到创意城市:美国爱荷华大学创意写作发展的启示[J].写作(上旬刊),2017(11):24-32.

[11] 葛红兵,高翔."创意国家"背景下的中国当代文学转型:文学的"创意化"转型及其当代使命[J].当代文坛,2019(1):101-107.

[12] 葛红兵,雷勇.英语国家创意写作学科发展研究[J].社会科学,2017(1):175-184.

[13] 葛红兵.创意写作:中国化创生与中国气派建构的可能与路径[J].江西师范大学学报(哲学社会科学版),2017(1):57-64.

[14] 马克·麦克格尔.创意写作的兴起:战后美国文学的"系统时代"[M].葛红兵,朱喆,郑周明,译.桂林:广西师范大学出版社,2012.

[15] 许道军,葛红兵.创意写作:基础理论与训练[M].桂林:广西师范大学出版社,2012.

[16] 许道军.创意写作:课程模式与训练方法[J].湘潭大学学报(哲学社会科学版),2011(5):113-118.

[17] 张永禄.中国大陆创意写作理论探索检视[J].雨花,2015(2):39-46.

[18] 戴凡.国内外创意写作的教学与研究[J].中国外语,2017(3):66-75.

[19] 陈平原.作为学科的文学史[M].北京:北京大学出版

社,2011.

[20] 胡曙中.西方新修辞学概论[M].湘潭:湘潭大学出版社,2009.

[21] 祁寿华.西方写作理论、教学与实践[M].上海:上海外语教育出版社,2000.

[22] 彼得·威德森.现代西方文学观念简史[M].钱竞,张欣,译.北京:北京大学出版社,2006.

[23] 艾布拉姆斯.镜与灯:浪漫主义文论及批评传统[M].郦稚牛,张照进,童庆生,译.北京:北京大学出版社,2004.

[24] 亚里士多德.诗学·诗艺(西方学术经典文库)(英汉对照)[M].郝久新,译.北京:九州出版社,2007.

[25] 韦勒克,沃伦.文学理论[M].刘象愚,邢培明,陈圣生,译.北京:读书·生活·新知三联书店,1984.

[26] 雷蒙·威廉斯.关键词:文化与社会的词汇[M].刘建基,译.北京:读书·生活·新知三联书店,2005.

[27] 王岳川.文艺本体论的危机与希望[J].浙江大学学报(人文社会科学版),2007(5):12-15.

[28] 朱立元.接受美学导论[M].合肥:安徽教育出版社,2004.

[29] 祁寿华.西方写作理论、教学与实践[M].上海:上海外语教育出版社,2000.

[30] 卡罗尔·卡尔金斯.美国文化教育史话[M].邓明言,译.北京:人民出版社,1984.

[31] BOEGEMAN M. Teaching Creative Writing to Older Women[J]. *Womens Studies Quarterly*, 1989, 17(1/2): 48-55.

[32] BRYER J R, HARTIG M C. *The Facts on File Companion to American Drama* [M]. New York: Infobase Publishing, 2010.

[33] BAKER H T. Journalism and Creative Writing [J]. *Journalism Bulletin*, 1926, 3(2): 37-40.

[34] BRERETON J. *The Origins of Composition Studies in the American College, 1875-1925* [M]. Pittsburgh: University of Pittsburgh Press, 1996.

[35] BERCOVITCH S. *The Cambridge History of American Literature, Volume 4* [M]. Cambridge: Cambridge University Press, 2004.

[36] BERLIN J A. *Rhetoric and Reality: Writing Instruction in American Colleges, 1900-1985* [M]. Carbondale: Southern Illinois University Press, 1987.

[37] CAMPBELL G. The Creative-Writing Class in the University High School [J]. *The School Review*, 1926, 34(1): 25-35.

[38] COOK L B. Creative Writing in the Classroom: Its How, When, What, and What Not [J]. *The English Journal*. 1931, 20(3): 195-202.

[39] CUBAN L. *How Teachers Taught: Constancy and Change in American Classrooms, 1890-1990* [M]. New York: Teachers College Press, 1993.

[40] MORLEY D, NEILSEN P. *The Cambridge Companion to Creative Writing* [M]. Cambridge: Cambridge University

Press, 2012.

[41] DONNELLY D. *Does the Writing Workshop Still Work?* [M]. Bristol: Multilingual Matters, 2010.

[42] EWINGR. Realising Potential[J/OL]. *Australian Institute of Art Education, The Arts and Australian Education.* Paddington, N. S. W.: 2011.

[43] EVARISTA S M. Adventures in Creative Writing[J]. *The Clearing House: A Journal of Educational Strategies, Issues and Ideas*, 1949, 23(6): 364-366.

[44] EMERSON R W. *The American Scholar Self-Reliance Compensation*[M]. New York: American Book Co., 1893.

[45] FORD I O. Creative Writing in High School[J]. *The English Journal*, 1931, 20(9): 762-764.

[46] FREDERICK J T. The Place of Creative Writing in American Schools[J]. *The English Journal*, 1933, 22(1): 8-16.

[47] GALWAY E. *From Nursery Rhymes to Nationhood: Children's Literature and the Construction of Canadian Identity* [M]. London: Routledge, 2010.

[48] GREEN A. *Creativity in Public Relations* [M]. London: Kogan Page Publishers, 2009.

[49] HECQ D. *The Creativity Market: Creative Writing in the 21st Century*[M]. Bristol: Multilingual Matters, 2012.

[50] HORNER W B. *Composition and Literature*: Bridging the gap[M]. Chicago: University of Chicago Press, 1983.

[51] HARPER, GRAEME. *Creative Writing Guidebook* [M]. Bloomsbury: A&C Black, 2008.

[52] HARPER, GRAEME. *On Creative Writing* [M]. Bristol: Multilingual matters, 2010.

[53] HARRIS M. "Shakespeare Was More Creative When He Was Dead": Is Creativity Theory a Better Fit on Creative Writing Than Literary Theory? [J]. *New Writing*, 2011, 8(2): 171-182.

[54] HOLEYWELL K. The Origins of a Creative Writing Programme at the University of East Anglia, 1963-1966 [J]. *New Writing*, 2009, 6(1): 15-24.

[55] HARPER G, XI XU, SULAK M, et al. Internationalising the MFA[J]. New Writing, 2013, 10(2): 233.

[56] HOGREFE P. Self-exploration in Creative Writing [J]. *College English*, 1940, 2(2): 156-160.

[57] ISAR Y R. *Creative Economy Report: Widening Local Development Pathways* [M]. New York: UNDP, 2013.

[58] KROLL J, FAN D. Reading as a Writer in Australia and China: Adapting the Workshop[J]. *New Writing*, 2014, 11(1): 77-91.

[59] KROLL J, HARPER G. *Research Methods in Creative Writing* [M]. Basingstoke: Macmillan International Higher Education, 2012.

[60] KILPATRICK W H. The Place of Creating in the Educative Process[J]. *Childhood Education*, 1930, 7(3): 115-118.

[61] KAUFMAN S B, KAUFMAN J C. *The Psychology of Creative Writing* [M]. Cambridge: Cambridge University Press, 2009.

[62] KLEIN G A. An Experiment in Creative Writing[J]. *The Elementary School Journal*, 1943, 43(7): 422 - 425.

[63] LIGHT G. From the Personal to the Public: Conceptions of Creative Writing in Higher Education[J]. *Higher Education*, 2002, 43(2): 257 - 276.

[64] MYERS D G. *The Elephants Teach: Creative Writing Since 1880* [M]. Chicago: University of Chicago Press. 2006.

[65] MCGURL M. *The Program Era: Postwar Fiction and the Rise of Creative Writing* [M]. Cambridge (Mass.): Harvard University Press, 2009.

[66] MILLS P. *The Routledge Creative Writing Coursebook* [M]. London: Psychology Press, 2006.

[67] MOMMA H. *From Philology to English Studies: Language and Culture in the Nineteenth Century* [M]. Cambridge: Cambridge University Press, 2012.

[68] LEAHY A. *What We Talk About When We Talk About Creative Writing* [M]. Bristol, UK: Multilingual Matters, 2016.

[69] MOXLEY J M. *Creative Writing in America: Theory and Pedagogy*[M]. New York: National Council of Teachers of English, 1989.

[70] MORLEY D. *The Cambridge Introduction to Creative Writing*

[M]. Cambridge: Cambridge University Press, 2007.

[71] MAY S. *Doing Creative Writing* [M]. London: Routledge, 2007.

[72] MCKITICK M. Creative Writing in the New Era[J]. *The English Journal*, 1934, 23(4): 298-302.

[73] KAUFMAN S B, KAUFMAN J C. *The Psychology of Creative Writing* [M]. Cambridge: Cambridge University Press, 2009.

[74] MILSON, A J. *American Educational Thought 2nd Ed: Essays from 1640-1940* [M]. Charlotte: IAP, 2010.

[75] NEALE D. *A Creative Writing Handbook: Developing Dramatic Technique, Individual Style* [M]. London: A & C Black. 2009.

[76] MAYBIN J, SWANN J. *The Routledge Companion to English Language Studies* [M]. London: Routledge, 2009.

[77] POPE R. *The English Studies Book: An Introduction to Language, Literature and Culture* [M]. London: Routledge, 2005.

[78] RUDOLPH F. *Curriculum: A History of the American Undergraduate Course of Study Since 1636* [M]. New York: Jossey-Bass, 1993.

[79] SMITTERBER E. *The Progressive in 19th-century English: A Process of Integration* [M]. Amsterdam: Rodop, 2005.

[80] SOUBA J. Creative Writing in High School [J]. *The English Journal*, 1925, 14(8): 25.

[81] SELLERS, HEATHER L. *The Practice of Creative Writing: A Guide for Students* [M]. Boston: Bedford/St. Martin's, Macmillan, 2013.

[82] SCHOLES R E. *The Rise and Fall of English: Reconstructing English as a Discipline* [M]. New Haven: Yale University Press, 1998.

[83] THAXTON T A. *Creative Writing in the Community: A Guide* [M]. London: A&C Black, 2013.

[84] TATE A. What Is Creative Writing? [J]. *Wisconsin Studies in Contemporary Literature*, 1964, 5(3): 183.

[85] WILBERS S. *The Iowa Writers' Workshop: Origins, Emergence & Growth* [M]. Iowa City: University of Iowa Press, 1980.

[86] WRIGHT M. Suggestions for Creative Writing [J]. *The English Journal*, 1932, 21(7): 541.

[87] WOLFE D M. Can Creative Writing Be a Democratic Art? [J]. *The English Journal*, 1951, 40(8): 428-432.

后　记

2008年，我正在杂志社做编辑。在那个寒冷的冬天，我在窗户边的电脑前检索资料，编辑小说稿件，正好收到了葛红兵先生的邮件。在邮件中，葛红兵先生谈到创意写作，他告诉我准备在上海大学创建创意写作学科。当时葛红兵先生已经从剑桥大学访问回来，对英国的文学教育和创意写作进行了考察。

这是我第一次正式接触和开始研究创意写作，迄今为止，我在创意写作领域的学习和研究，在葛红兵先生的指导下，已经进行了整整十年。十年的时间，集中研究一个领域，从对美国、英国、澳大利亚和新加坡等国家创意写作学科的梳理与调研，再到对中国本土创意写作学学科创建的思考，我对这个方向的每一次深入，都与葛红兵先生的指导和鼓励密不可分。

和葛红兵先生初次谈起创意写作之后，我就决定做这个方面的研究。第二年，也就是2009年的时候，我们就在期刊上推出了一期创意写作专辑。很快，2009年上海大学创立了中国第一个创意写作中心。新的学科一旦开启本土化创建的窗口，节奏就会变得异常迅速。为了跟上节奏，在2009—2011年这段时间，我对创意写作领域的出版物和资料进行了全面的整理，利用编辑工作的便利和经验，我搜集了两百多本著作、一千多篇相关论文。2013年，我去上海大学中国创意写作中心读创意写作方向的硕士研究生,对创意写作的研究算是初步入门了。

2013年,本书的初稿已经完成,由于当时我尚未接受系统的学术训练,在书稿的措辞和语句方面,存在不少问题。初稿完成后,我进入上海大学中国创意写作中心读创意写作专业硕士,稿件先后提交给葛红兵、许道军、张永禄、叶炜、雷勇、王雷雷、王磊光等老师、师兄阅读,听取他们的建议,然后进行了修订。此间也有幸得到过陈鸣、任丽青、吕永林老师的建议和指导,他们给过我许多有价值的建议,对我的研究很有帮助。另外,还有叶祝弟、许峰、郑周明师兄,在写作期间和我有多次的交流和沟通。尤其是叶祝弟师兄,在我尚未去上海大学读创意写作专业之前,我们就已经有过多次交流,他给过我许多点拨,鼓励我坚持文学创作。张永禄老师同样给了我很多帮助,我们曾多次专门探讨创意写作中国化及其实践路径的问题。在创意写作学科史研究上,谢彩老师也给过我很多帮助,她是国内较早开始研究中国创意写作学科体系及其建设问题的专家,迈尔斯的著作正是她复印、邮寄给我的。还有高尔雅,她在美国创意写作发展历史方面的研究是国内第一人,我曾向她请教过英语翻译及迈尔斯著作的相关问题。叶炜是葛红兵先生指导的中国首位创意写作博士,曾经在爱荷华大学进行过学习和实地考察,我也就爱荷华大学创意写作工坊的问题向他进行了多次请教。雷勇则是英语国家创意写作研究及中国创意写作理论的重要探索者,他非常熟悉英国创意写作的发展特点,这些都是我们共同的话题。

那时候,葛红兵先生已经和他的团队完成了美国斯坦福大学麦克格尔教授的著作《创意写作的兴起:战后美国文学的"系统时代"》(*The Program Era: Postwar Fiction and the Rise of Creative Writing*)的翻译,并在国内出版。2009年,这本著作由美国哈佛大学出版社出版,葛红兵引进该书之后,2012年在广西师范大学出版社出版。可以说这本书是目前中国译介的英语国家创意写作经典著作中最重要的一部,说它是中国创意写作的启蒙读物也并不为过。

除了葛红兵先生,许道军老师可以说是中国创意写作工坊教学在理论与实践上做得最好的学者之一,他开设过"创意写作经典文献的原本研读"课程,这是中国最早开设的创意写作经典文献研读课。当时许老师带我们精读迈尔斯的著作《大象的教学:1880年以来的创意写作》(*The Elephants Teach: Creative Writing Since 1880*)和黛安娜·唐纳利的著作《作为学术科目的创意写作研究》(*Establishing Creative Writing Studies as an Academic Discipline*)。后来他还带领学生研读了约瑟夫·莫克斯利的著作《创意写作在美国:理论与教学法》(*Creative Writing in America: Theory and Pedagogy*),并且翻译出版,这些著作无论在国内还是国外,都是研究创意写作、课堂教学的关键资料。事实上,在2012—2013年,他就开始着手研读保罗·道森的著作《创意写作与新人文主义》(*Creative Writing and the New Humanities*),这部著作于2005年出版,当时我们与国外创意写作理念和研究的接轨工作发展得很快,现在已经基本保持同步了。如今,我在基础理论和创意写作研究方面已经有了非常可观的沉淀和积累。我一直觉得,所谓十年如一日,正是如此。

书稿写作期间,我还请教过中山大学的戴凡教授,她在外语学院开设的创意写作课程,于中国创意写作教育而言是一个很大的创新,她在国内多个会议上提出的观点即使是在欧美国家,思路也是很新的。她在国外刊物发表的多篇创意写作方面的论文我都一一拜读过,她是国内少有的能够与英语国家创意写作研究学界进行对话和探讨的学者。另外,澳大利亚拉筹伯大学的张立中教授、英国利兹大学的Adam Strickson和Garry Lyons,他们对创意写作和文化创意产业的理解,给了我很多的启发。其中,Garry Lyons对文化产业中的创意写作的研究较为深入,在邮件中我亦多次请教过他。有趣的是,有一次我和利兹大学的 Adam Strickson 聊天时,他恰好带着一份戴凡教授发表的创意写作论文的打印稿。这让我想到,中国各高校外语学院里的创意写作,其教学能够使学生置身于双语环境,这对中国新型的写作、创意人才的培养都是一种新的尝试,对于能在全球文学语境下对话的中国作家的培育,具有不可低估的意义。

  2014年,书中与世界文学之都相关的内容,在葛红兵先生的指导与合作下,在《探索与争鸣》发表。其中关于爱荷华大学创意写作学科发展的相关内容,后来也加以整理,发表于中国写作学会的《写作》上。另外,还有部分创意写作和创意城市的内容,发表在《雨花》上,关于作家工坊的相关内容,则于2019年发表在《当代文坛》上。

  本书在最后的定稿过程中,葛红兵、许道军、张永禄、谢彩、雷勇、高翔等老师,都给了我很多重要的建议。尤其是我在上海大学的导师葛红兵,在章节框架的整合与逻辑问题上,给了我很多宝贵的建议。许道军老师则在内容的梳理和取舍方面,给了我很多实际的指导,而张永禄老师则以他一贯犀利和敏锐的判断力,告诉我哪些内容需要调整,哪些地方的论述需要加强,这使我受益匪浅。

  特别需要指出的是,本书关于创意写作本体论方面的研究(第一章),主要得益于葛红兵先生的指导和建议,他是中国创意写作学研究领域里最先就本体论和创意本位文学观进行研究的学者。

  如果对创意写作过去百余年的历史进行整体观照的话,不可否认,创意写作是一个非常庞大的系统,细细分类的话,它涵盖了三十多个学位类型、三十多种写作类型,在不同的科系内都设立了跨学科的学位,横贯表演学、艺术学、电影、语言文学、人类学、计算机、教育学、医学、商业等,仅仅在美国,就有千余所院校开设有相关的课程或设立学位。除了学科形态,创意写作还有许多非学科形态,本书力所能及地就主要的存在形态加以梳理和介绍。

在美洲,除了北美地区的美国之外,墨西哥、加拿大等国家的创意写作也已经与当地的文化保护、文化传承和创造紧密联系在一起。例如,加拿大英属哥伦比亚大学等多所大学的创意写作课程,都与其本土文化的书写密切相关。

在欧洲,英国、西班牙、法国、德国等国家的创意写作也非常常见,特别是英国,可以说是欧洲创意写作学科建制最完备、发展最多元化的国家。2017年,诺贝尔文学奖得主石黑一雄就毕业于英国第一个创意写作高等院校东安格里亚大学。在世界文学之都德国的海德堡,文学创意也是当地文学教育的重要组成部分。在冰岛的雷克雅未克、丹麦的哥本哈根、挪威的奥斯陆,创意写作亦早已落地开花,成为当地文学创新、城市文化发展、国家文化战略的基础构成。

在亚洲,中国、韩国、日本、新加坡等国家以及中国香港等地区也开设了相关的课程,设立学位。我们看到,创意写作在全球范围内形成了一个庞大的系统,创意写作遍布全球众多的国家、地区,跨越多种文化、语言,生根发芽,是当代文化发展和文学原创能力培育的重要组成部分,也是当地文化创意、创新的重要驱动力。

面对如此庞大的"创意写作系统",要想在复杂的案例中找出规律,在众多的出版物和实践活动中厘清其演进特点、发展趋势,是一件相当困难的工作。由于本人能力有限,在学术研究方面还有待改进和提升,书中难免有不准确或错漏之处,还望诸位同仁、读者不吝批评,以期在以后加以改进。

刘卫东
2019年7月8日